Ford Fiesta ab 1989

1 Allgemeines

Der Ford-Fiesta wurde 1976 auf den Markt gebracht und seither laufend verbessert und ergänzt.
1986 wurde der hier beschriebene 1400-Einspritzmotor eingeführt.

Dies im Hinblick auf die Verbreitung des Katalysators.
Das Fahrzeug wird vorwiegend mit dem 5-Gang-Getriebe gefahren, welches wir hier ausführlich behandeln.
Auf Wunsch wird der Fiesta mit Automatik-Getriebe ausgeliefert.
Der Fiesta ist ebenfalls mit dem 1,8l-Dieselmotor erhältlich.

KENNDATEN

Motortyp	1100	1400
Hubraum	1118 ccm	1392 ccm
Bohrung	68,68	77,24
Hub	75,48	74,30
Zylinderzahl	4	4
Anzahl Kurbelwellenlager	3	5
Leistung in PS-U/min		
Vergaserversion	54/5200	73/5500
CFI-Version	50/5200	71/5500
Drehmoment in Nm-U/min		
Vergaserversion	86/3000	108/4000
CFI-Version	80/2600	103/4000
Verdichtung		
Vergaser	9,5	8,5
CFI	8,8	8,5
Treibstoff		
ohne Katalysator	Super	Super
mit Katalysator	bleifrei	bleifrei
Achsübersetzung 5-Gang	4,06	3,84
Automat	3,842	3,842

Motortyp	1600	1800 Diesel
Hubraum	1597 ccm	1741 ccm
Bohrung	79,96	82,5
Hub	79,52	82,0
Zylinderzahl	4	4
Anzahl Kurbelwellenlager	5	5
Leistung in PS-U/min	110/6000	60/4800
Drehmoment in Nm-U/min	135/2800	110/2500
Verdichtung	9,75	21,5
Treibstoff	bleifrei	Diesel
Achsübersetzung 5-Gang	4,06/3,82	3,59
Automat	3,842	3,842

1.1 Fahrzeugerkennung

Das Typenschild befindet sich auf der vorderen Quertraverse vor dem Motor (Bild 1).
Darauf sind alle zur Ersatzteilbeschaffung wichtigen Nummern eingeprägt.
Die Fahrgestellnummer befindet sich neben dem Beifahrersitz auf dem Bodenblech. Motor und Getriebe sind ebenfalls mit einer Fabrikationsnummer ausgestattet.

Bild 1
Typenschild

1.2 Arbeitsrichtlinien

Die Beschreibungen in dieser Reparaturanleitung sind in einfacher Weise und allgemein verständlich gehalten.
Die Mass- und Einstelltabellen sowie die Anzugsmoment-Tabellen sind wichtige Hilfen. Sie sollen bei allen Arbeiten beachtet werden.
Einfache Handgriffe und Arbeitsabläufe, wie zum Beispiel «Motorhaube öffnen» werden nicht immer erwähnt, sie werden als selbstverständlich vorausgesetzt.
Dagegen befasst sich der Text ausführlich mit schwierigen Arbeiten.
Hier folgend einige wichtige Hinweise, die bei Reparaturen beachtet werden sollen:
- Schrauben und Muttern sollen immer in sauberem Zustand verwendet werden.
- Muttern und Schrauben immer auf Beschädigungen prüfen.
Im Zweifelsfall Neuteile verwenden.
- Einmal gelöste, selbstsichernde Schrauben und Muttern sollten immer ersetzt werden.
- Festsitzende, korrodierte Schrauben und Muttern können mit rückfettendem Kriechspray gelöst werden.
- Ausgerissene Gewinde sind mit Heli-Coil-Einsätzen reparierbar.
- Stets die vorgeschriebenen Anzugsmomente in der Tabelle einhalten.
Die Werte sind in Baugruppen zusammengefasst und können so leicht aufgefunden werden.
- Alle Dichtscheiben, Dichtungen, Sicherungsbleche, Sicherungsscheiben, Splinte und O-Dichtringe sind beim Zusammenbau zu erneuern.
Wo vorgeschrieben Dichtmasse verwenden. Bei beschichteten Dichtungen darf keine Dichtmasse verwendet werden.
- Die Dichtringe sind für die Montage einzufetten. Die Dichtlippe muss stets zum austretenden Medium weisen.
- Hinweise auf die rechte oder linke Seite des Fahrzeugs beziehen sich immer auf die Fahrtrichtung bei Vorwärtsfahrt.
- Ganz besonders ist darauf zu achten, dass bei Arbeiten am hochgebockten Wagen für eine sichere Abstützung des Fahrzeugs gesorgt ist. Die nicht hochgebockten Räder sind gegen Wegrollen zu sichern.
- Der Bordwagenheber ist nur zum Radwechsel unterwegs vorgesehen. Er sollte nur zum Hochheben verwendet werden.
Danach sollte der Wagen auf Böcke abgelassen werden.
- Fette, Öle, Unterbodenschutz und andere mineralische Substanzen wirken auf Gummiteile der Bremsanlage aggressiv.

Besonders Benzin ist fernzuhalten.
- Für Reinigungsarbeiten an der Bremsanlage darf nur Bremsflüssigkeit oder Spiritus verwendet werden.

Hierbei sei darauf verwiesen, dass Bremsflüssigkeit giftig und ätzend wirkt. Sie greift Autolacke an.
- Zur Erzielung bester Reparaturergebnisse ist die Verwendung von Original-Ersatzteilen Voraussetzung.
- Um Schwierigkeiten aus dem Weg zu gehen, sollte auf den Einbau irgendwelcher Fremdteile verzichtet werden.
- Bei Bestellungen von Ersatzteilen müssen die genaue Modell-Bezeichnung mit der Fahrgestellnummer und der Getriebenummer angegeben werden.
- Wenn eine komplizierte Baugruppe zerlegt wird, ist für den späteren Zusammenbau an geeigneter Stelle zu zeichnen.

Dadurch darf die Funktion der Teile nicht eingeschränkt werden.

1.3 Arbeitsplatz/Werkzeug

Zum guten, speditiven Arbeiten braucht man einen sauberen, gut beleuchteten Arbeitsplatz mit Werkbank und Schraubstock.

Vor der Zerlegung sollten Motor und Getriebe aller Art sauber gereinigt werden. Dadurch kann beim Zerlegen kein Schmutz eindringen.

Es sollte genügend Platz vorhanden sein, um die verschiedenen Komponenten auslegen zu können.

Wer selbst Reparaturen vornimmt, braucht einen Wagenheber, 4 Unterstellböcke und ein gutes, stabiles Werkzeug.

Neben einer Grundausstattung sind immer einige Spezialwerkzeuge erforderlich.

Billiges Werkzeug kann auf lange Sicht teuer werden, da es leicht bricht und abnutzt.

Die Grundlage eines Werkzeug-Sets (Bild 2) ist ein Satz Ring-Gabel-Schlüssel mit Schlüsselweiten von 5 bis 32 mm.

Stecknüsse mit den gleichen Grössen stellen ebenfalls eine gute Investition dar.

Weitere notwendige Werkzeuge sind ein Satz Schraubenzieher mit normalen- und Kreuzschlitz-Klingen.

Bei den Kreuzschlitz-Schraubenziehern ist auf die Ausführung Pozi-Drive und Phillips zu achten.

Nützlich sind ebenfalls eine Grip-Zange, ein Stahl- und Kunststoffhammer. Für das Lösen von Schrauben ist ein Schlagschraubenzieher nützlich.

Ein geeigneter Drehmomentschlüssel ist unabdingbar.

Ohne diese Werkzeuge sind viele Arbeiten nicht durchführbar. Dazu gehören auch eine Fühlerlehre, eine Messuhr mit Ständer, eine Stroboskoplampe. Ob ein Batterieladegerät oder gar ein CO-Messgerät angeschafft wird, muss von Fall zu Fall entschieden werden.

Für bestimmte Arbeiten werden Sonderwerkzeuge vom Hersteller des Fahrzeugs gebraucht.

Ob diese Werkzeuge beim Händler beschafft oder nur ausgeliehen werden, hängt von der Häufigkeit der Verwendung und deren Beschaffungspreis ab.

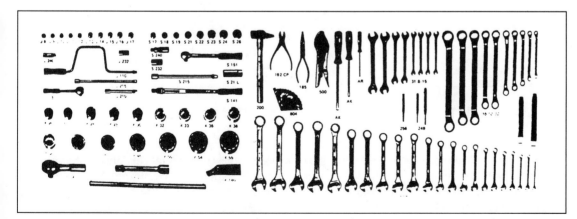

Bild 2
Werkzeugsatz

2 Motor

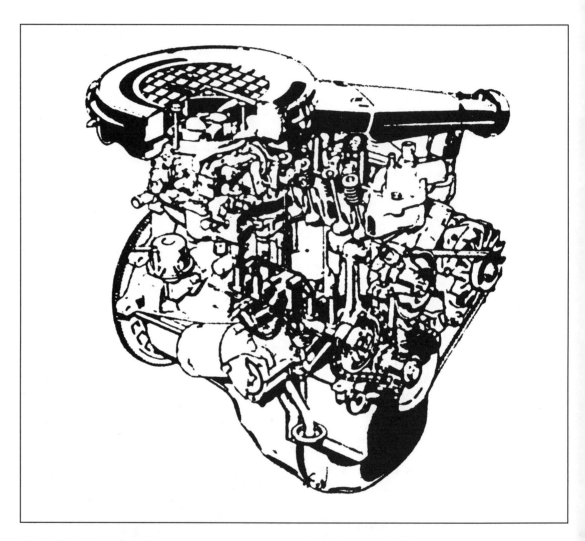

Bild 3
Motor 1,1 Valencia

2.1 Motor 1,1/1,1 i

Der sogenannte «Valencia»-Motor (Bild 3) besitzt eine seitliche Nockenwelle im Motorblock. Über Stössel und Stösselstangen bewegt sie die Kipphebel und Ventile im Zylinderkopf. Die Ölpumpe sitzt im seitlichen Gehäuse mit dem Ölfilterflansch am Motorblock. Die Pumpe wird von der Nockenwelle über einen Schraubenradtrieb angetrieben.
Die Nockenwelle wird von der Kurbelwelle über eine Steuerkette angetrieben.
Der Motor ist mit einem vollelektronischen, verteilerlosen Zündsystem ausgerüstet.

2.2 Motor 1,4 i

Der Motor ist vorne quer zur Fahrtrichtung eingebaut. Er trägt die Bezeichnung CVH/1-4 (Bild 4). Wobei die einzelnen Länderausführungen mit den Bezeichnungen – F6E – versehen sind.
Die Kurbelwelle treibt über den Zahnriemen an der Stirnseite des Motors die Nockenwelle an, welche wiederum den Hochspannungsverteiler an der Stirnseite des Zylinderkopfes bewegt.
Die Ölpumpe sitzt im vorderen Abschlussdeckel des Motorblocks. Über einen Mitnehmer ist sie direkt mit der Kurbelwelle verbunden.
Die Wasserpumpe wird durch den Zahnriemen

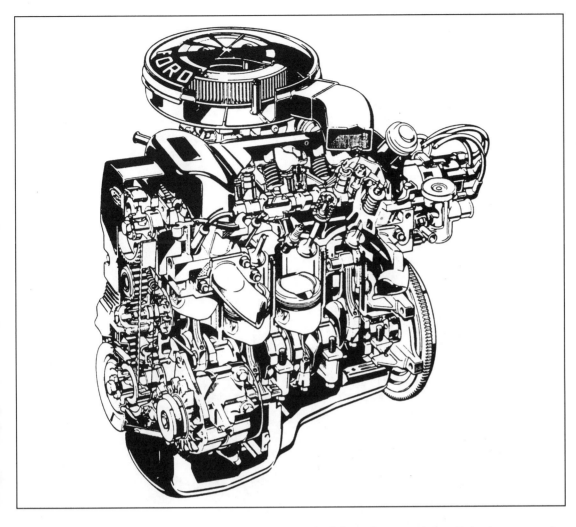

Bild 4 Motor 1,4i

angetrieben. Die Ventile werden durch die Nokkenwelle über sogenannte Hydrostössel betätigt. Ein Nachstellen des Ventilspiels entfällt somit.
Die Gemischaufbereitung erfolgt durch eine Eindüsen-Einspritzung, die durch die Motorelektronik geregelt wird.
Der geregelte Abgas-Katalysator wird ebenfalls durch diese Motorelektronik gesteuert.

2.3 Motor 1,6 i

Der Aufbau des Motors ist mit dem 1,4 i identisch. Die Bezeichnung des Motors ist LJD/LJC.

2.4 Motor 1,8 l Diesel

Bild 5 zeigt den Motor als ganzes, Bild 6 einen Längsschnitt.
Die fünffach gelagerte Kurbelwelle treibt über den Stirnradsatz und den Zahnriemen an der Frontseite des Motors die obenliegende Nokkenwelle im Zylinderkopf an. Die Nockenwelle betätigt die Ventile über Tassenstössel.
Die Dieselpumpe steht über den Zahnradsatz mit der Kurbelwelle in Verbindung.
Der Keilriemen an der Motorfrontseite treibt die Wasserpumpe und den Alternator an.
Die Ölpumpe sitzt im vorderen Abschlussdeckel des Motorblocks. Sie wird durch die Kurbelwelle direkt angetrieben.

2.5 Aus- und Einbau der Motoren

Die Motoren werden mitsamt dem Getriebe ausgebaut. Um ein korrektes Einstellen der Schaltung beim Wiedereinbau zu ermöglichen, soll sich die Gangschaltung in folgender Position befinden: Den 4. Gang einlegen.
● Das Massekabel der Batterie abklemmen.
● Das Kühlmittel in eine Wanne ablassen. Sofern es nicht älter als 2 Jahre und nicht verschmutzt ist, kann es wieder verwendet werden.

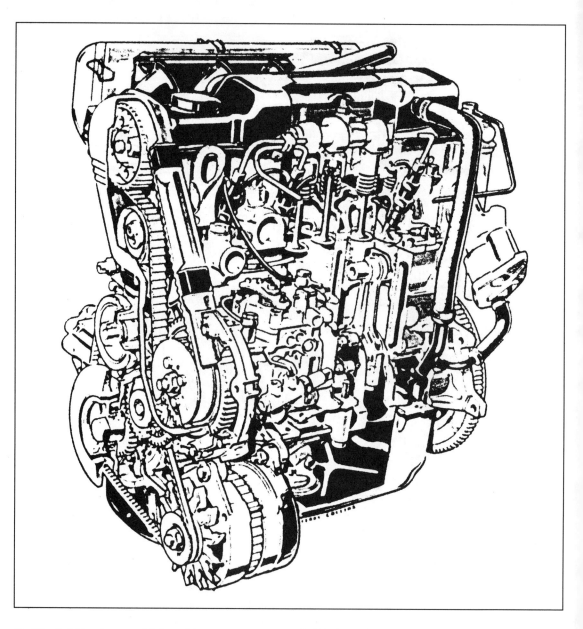

Bild 5
Motor 1,8 l Diesel

- Alle Schläuche vom Motor abbauen.
- Beim 1,4 l-Einspritzer das Gaskabel samt Halter und Druckstange demontieren.
Beim Diesel das Gaskabel von der Einspritzpumpe abnehmen.
- Die Kraftstoffleitungen abbauen.
Die Leitungen sofort verschliessen, wegen Verschmutzungsgefahr.
- Alle elektrischen Verbindungen des Motors trennen.
- Das Tachokabel vom Getriebe abbauen.
- Das Kupplungsseil vom Ausrückhebel am Getriebe aushängen.
- Beim Diesel den Luftfilter abbauen.
- Das Fahrzeug mit Zweisäulen-Hebebühne anheben.
- Das Auspuffrohr vom Auspuffkrümmer abschrauben.
- Die Leitung der Lambda-Sonde beim 1,4 l-Einspritzer trennen.
- Die komplette Auspuffanlage durch Aushängen der Gummis ausbauen.
- Das Massekabel vom Motorblock abschrauben.
- Die Schaltstange vom Getriebe abbauen (Bild 7).
- Die Schaltabstützung vom Getriebe abschrauben.
- Die Abdeckung der Riemenscheibe vom Längsträger abnehmen (3 Klips).
- Anlasserkabel und Massekabel vom Getriebe abbauen.
- Beide Kugelgelenke von den Federbeinen unten trennen (Bild 8).
- Die Spurstangenendstücke von den Lenkhebeln trennen.
- Beim 1,6 l die Zahnriemenabdeckung abnehmen.
- Den SCS-Modulator demontieren (Bild 9).
- Den Zahnriemen abnehmen.

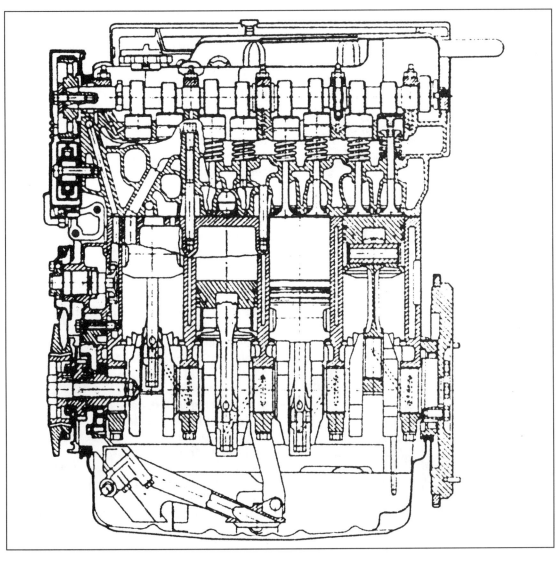

Bild 6
Motor-Längsschnitt

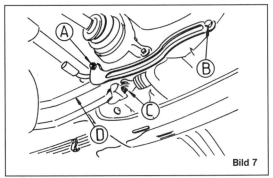

Bild 7

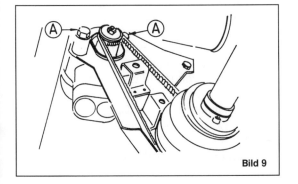

Bild 9

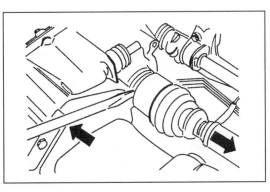

Bild 7 ◄
Schaltstange abschrauben
A Befestigungsmutter Auspuffhalter
B Befestigungsschraube Auspuffhalter
C Klemmschraube Schaltstange
D Stabilisator Schaltstange

Bild 8
Kugelgelenke abbauen

Bild 9 ◄
Modulator 1,6 l
A-Befestigungsschrauben

Bild 10
Abtriebswelle abdrücken

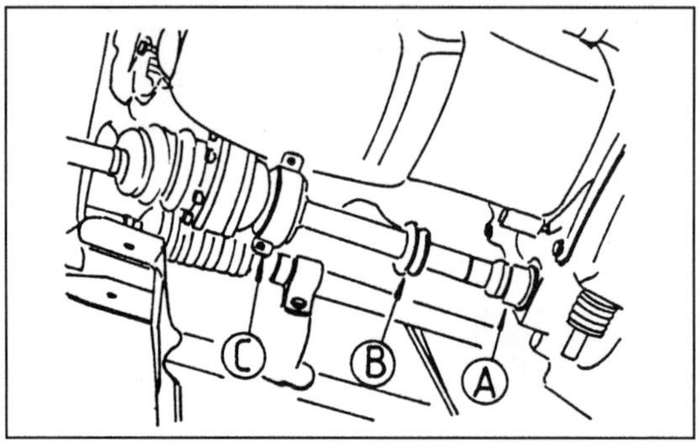

Bild 11
Zweiteilige Abtriebswelle abbauen
A Antriebsstummel
B Manschette
C Mittellager

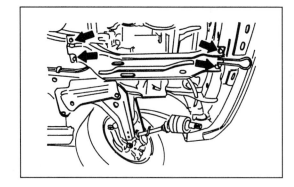

Bild 12
Getriebeträger

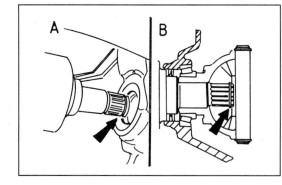

Bild 13
Abtriebswellen einbauen
A Abtriebswelle einführen
B Lage des Sicherungsrings eingebaut

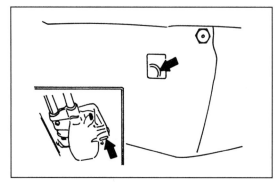

Bild 14
Schalthebel fixieren

● Die innere Verschalung des Zahnriemens demontieren.
● Die linke Abtriebswelle des Getriebes ausbauen: Dazu einen Montierhebel zwischen Welle und Getriebegehäuse einführen und die Welle soweit als möglich nach aussen drücken (Bild 10).
● Die Abtriebswelle hochbinden und die Öffnung des Getriebes abdecken.
● Den rechten Querlenker und die Zugstrebe wie vorhin beschrieben ausbauen.

● Die rechte Abtriebswelle aus dem Getriebe ausbauen und hochbinden.
Bei Fahrzeugen mit zweiteiliger, rechter Abtriebswelle folgendermassen verfahren:
Die Manschette (B) in Bild 11 vom Antriebsstummel (A) abbauen.
Das Mittellager (C) vom Motor abschrauben.
Die komplette Welle aus dem Getriebe drücken und an der Lenkung hochbinden.
● Die Motor-Getriebeeinheit von unten abstützen.
● Das rechte Motorlager von der Karosserie abbauen.
● Den Getriebeträger von der Karosserie abbauen (Bild 12).
● Den Motor mit Getriebe nach unten ausbauen.

EINBAU
Beachte: Die Anzugsmomente einhalten

● Die Einheit in Einbaulage bringen.
Dabei den Stehbolzen des Motorlagers rechts in die Bohrung der Konsole-Längsträger einführen.
● Das rechte Motorlager einbauen.
● Den Getriebeträger anbauen.
● Beim 1,6 l die Zahnriemen über die Achswellen links und rechts legen.
Die Abdeckung des Zahnriemens links und die innere Abdeckung des Modulators rechts provisorisch in Einbaulage bringen.
● Die Abtriebswellen in das Getriebe einsetzen. Auf richtiges Einrasten des Sprengringes achten (Bild 13).
● Die innere Abdeckung des Modulators (1,6 l) befestigen.
● Den SCS-Modulator anbauen und die Schrauben nur von Hand festdrehen.
Den Zahnriemen auflegen und so spannen, dass das Trumm 5 mm durchgedrückt werden kann (Daumendruck).
● Die Abdeckungen der Zahnriemen montieren.
● Den restlichen Einbau in umgekehrter Reihenfolge des Ausbaus vornehmen.
● Die Schaltung folgendermassen einstellen:
Am Getriebe den 4. Gang einlegen.
Die Schaltwelle mittels Dorn, wenn die Bohrung senkrecht steht, eindrücken.
Die Schaltwelle und die Klemmnabe des Schaltgestänges fettfrei reinigen.
Das Schaltgestänge auf die Schaltwelle schieben.
Den Schalthebel in 4. Gangposition mittels 3,5 mm-Dorn in der Schaltkulisse arretieren (Bild 14).
Die Klemmschelle des Schaltgestänges festziehen.

Den Dorn entfernen.
- Das Kupplungspedal gemäss Kapitel Kupplung einstellen.
- Kühlmittel auffüllen und Getriebeölstand und Motorölstand erstellen.

2.6 Motor zerlegen

2.6.1 1,1 l-Motor

- Den Motor mit der Vorrichtung 21-050 A am Montageständer (Bild 15) befestigen.
- Das Motorenöl ablassen.
- Den Ölfilter abschrauben.
- Die Zündkabel entfernen.
- Die Zündkerzen ausschrauben.
- Den Öleinfüllstutzen demontieren.
- Die Kraftstoff- und Unterdruckleitungen abnehmen.
- Den Wasserstutzen des Thermostatgehäuses abschrauben.
Den Thermostaten entnehmen.
- Den Ventildeckel demontieren.
- Die Kipphebelachse vom Zylinderkopf abnehmen und die Stösselstangen herausziehen.
- Die Zylinderkopfschrauben in umgekehrter Anzugsreihenfolge in mehreren Umgängen lösen (Bild 16).
- Den Zylinderkopf vorsichtig abnehmen.
Sollte er kleben, mit leichten Schlägen eines Kunststoffhammers den Zylinderkopf lösen. Keinesfalls irgendwelche Werkzeuge zwischen Kopf und Block treiben.
- Die DIS-Zündspule vom Block abschrauben (Bild 17).
- Wo vorhanden die Kraftstoffpumpe demontieren.
- Die Ölpumpe vom Block abnehmen (Bild 18).
- Die Keilriemenscheibe der Wasserpumpe abschrauben.
- Die Wasserpumpe demontieren.
- Die Riemenscheibe der Kurbelwelle demontieren.
- Die Ölwanne nach unten demontieren.
- Den Motor um 180° wenden.
- Den Stirnraddeckel demontieren.
- Ölschleuderring von der Kurbelwelle nehmen.
Einbaulage beachten.
- Den Spannarm vom Zylinderstift des vorderen Hauptlagers ziehen. Den Kettenspanner abbauen (Bild 19).
- Die beiden Schrauben des Nockenwellen-Kettenrades entsichern. Die Schrauben demontieren.
- Das Kettenrad mit der Kette abnehmen.

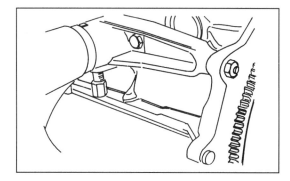

Bild 15
Montageständer

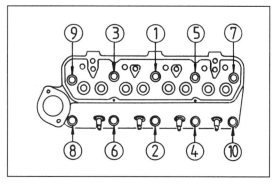

Bild 16
Anzugsreihenfolge

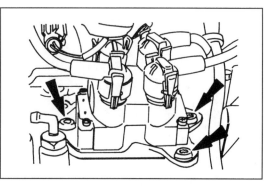

Bild 17
Zündspule

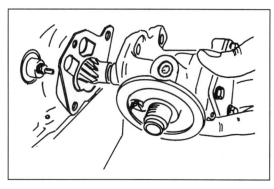

Bild 18
Ölpumpe

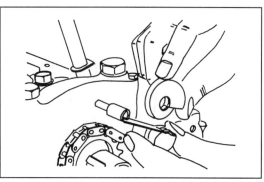

Bild 19
Kettenspanner demontieren

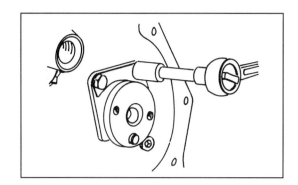

Bild 20
Halteplatte der Nockenwelle

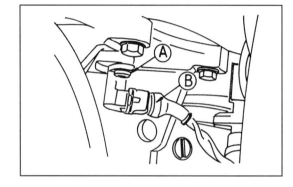

Bild 21
Sensor
A Torx-Schraube
B Stecker

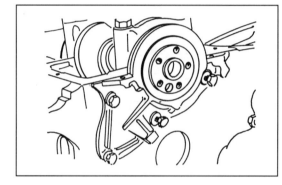

Bild 22
Deckel

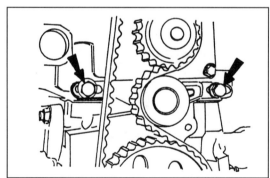

Bild 23
Zahnriemenspannrad

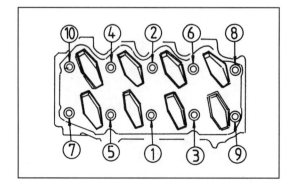

Bild 24
Lösefolge

● Die Halteplatte der Nockenwelle abschrauben (Bild 20).
● Die Nockenwelle sorgfältig aus dem Block ziehen.
● Die Stössel aus dem Block nehmen.
In der Einbaulage ablegen (Wiedereinbau am selben Ort).
● Das Kettenrad von der Kurbelwelle abziehen.
● Die Kolben in Mittellage bringen und die Ölkohle und Verbrennungsrückstände aus den Zylindern entfernen.
Dabei darf die Zylinderwandung nicht beschädigt werden.
● Die Pleuellagerschrauben lösen und die Deckel der Pleuellager abnehmen.
● Die Kolben mit den Pleueln nach oben ausbauen.
● Klebende Lagerschalen von der Kurbelwelle nehmen und mit den Deckeln und Schrauben den Pleueln wieder zuordnen.
● Die Kupplungsdruckplatte in mehreren Umgängen vom Schwungrad abschrauben.
● Das Schwungrad demontieren.
● Den Drehzahlsensor abbauen (Bild 21).
● Den hinteren Kurbelwellendeckel vom Block abschrauben (Bild 22).
● Die Hauptlagerdeckel der Kurbelwelle demontieren.
● Die Kurbelwelle aus dem Block nehmen. Klebende Lagerschalen entnehmen.
● Alle Teile, ausser Lagerschalen, fettfrei reinigen. Die Lagerschalen werden im Ausbauzustand zur Beurteilung der Lager beim Zusammenbau benötigt.

2.6.2 1,4/1,6 I-Einspritzer

● Den Motor vom Getriebe trennen.
● Den Motor an einem geeigneten Montageständer befestigen.
● Den Alternator mit Abschirmblech demontieren und den Keilriemen abnehmen.
● Den Ölfilter abschrauben und das Motorenöl ablassen.
● Die Kurbelwellen-Riemenscheibe abschrauben.
● Die zweiteilige Zahnriemenabdeckung demontieren.
● Den Zahnriemenspanner lösen und den Riemen abnehmen (Bild 23).
● Die Verteilerkappe mit den Zündleitungen abnehmen und die Zündkerzen ausschrauben.
● Den Ventildeckel mit dem Entlüftungsschlauch abbauen.
● Den Zylinderkopf demontieren. Die Schrauben in der Reihenfolge gemäss Bild 24 lösen.
● Die Ölwanne demontieren.
● Die Kupplung vom Schwungrad in mehreren

Umgängen abschrauben.
- Das Schwungrad abschrauben.
- Den hinteren Abschlussdeckel der Kurbelwelle abschrauben (Bild 25).
- Die Wasserpumpe demontieren.
- Das Kurbelwellenzahnrad mit der Vorrichtung 21-098 von der Kurbelwelle abziehen (Bild 26).
- Die Ölpumpe komplett mit Saugrohr ausbauen (Bild 27).
- Eventuell vorhandene Ölkohle in den Zylindern sorgfältig mit stumpfem Werkzeug entfernen, ohne die Laufbahn zu beschädigen.
- Die Pleuellagerdeckel demontieren und abnehmen.
- Die Kolben mit den Pleuelstangen nach oben ausbauen.
- Die Pleueldeckel den Pleueln wieder zuordnen und die Schrauben lose eindrehen.
- Die Hauptlagerdeckel abschrauben.
- Die Kurbelwelle sorgfältig aus dem Block heben.
- Klebende Lagerschalen abnehmen und den jeweiligen Lagerstellen wieder zuordnen. Die Hauptlagerdeckel wieder aufstecken und die Schrauben lose eindrehen.
- Den Öldruckschalter demontieren.
- Alle Teile (ohne die Lagerschalen) fettfrei reinigen.

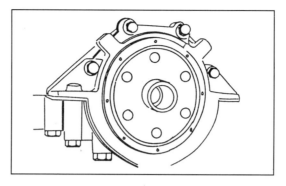

Bild 25
Abschlussdeckel

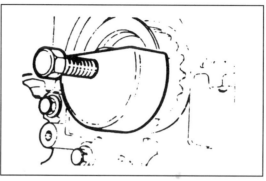

Bild 26
Zahnriemenrad abziehen

2.6.3 1,8 l Diesel

- Den Auspuffkrümmer demontieren.
- Den Motor an einem geeigneten Montageständer aufnehmen.
- Den Alternator abbauen.
- Den Anlasser mit Halter demontieren.
- Den Motorhalter abbauen.
- Das Motoröl ablassen und den Ölfilter abschrauben.
- Kupplung vom Schwungrad abschrauben.
- Das Schwungrad abschrauben.
- Obere und untere Zahnriemenabdeckung abschrauben.
- Den Motor in OT-Stellung 1. Zylinder drehen.
- Den Spanner des Zahnriemens Nockenwelle demontieren.
- Das Spezialwerkzeug 15-030A anbauen (Bild 28).
- Den Schwingungsdämpfer abschrauben.
- Das Zahnriemenrad – Nockenwelle abschrauben (Bild 29).
- Die hintere Abdeckung des Zahnriemens abbauen.
- Das Zahnriemenrad der Einspritzpumpe demontieren.
- Die Kraftstoffleitungen von der Einspritzpumpe abschrauben.

Bild 27
Ölpumpe
A Halter Saugglocke

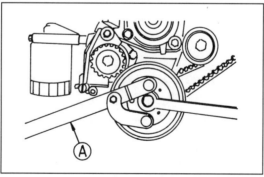

Bild 28
Werkzeug anbauen
A Spezialwerkzeug

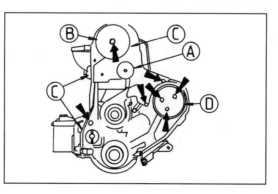

Bild 29
Räder Zahnriementrieb
A Zahnriemen
B Nockenwellenrad
C hintere Abdeckung
D Zahnriemenrad Pumpe

- Den Kraftstoffilter mit Halter vom Zylinderkopf abschrauben.
- Die Leckölschläuche von den Einspritzventilen abziehen.
- Die Einspritzleitungen ausbauen.
- Die Einspritzdüsen mit dem Werkzeug MS 1501 (Churchill) ausschrauben.
- Die Kabel von den Glühkerzen abbauen und die Glühkerzen ausbauen.
- Den Einspritzpumpenhalter demontieren.
- Die Einspritzpumpe abbauen.
- Den Ventildeckel demontieren.
- Den Kühlmittelschlauch Wasserpumpe/Thermostatgehäuse demontieren.
- Das Thermostatgehäuse vom Block abschrauben.
- Die Zylinderkopfschrauben von aussen nach innen lösen. (Umgekehrte Reihenfolge des Anzugs, siehe Bild 30).
- Den Zylinderkopf abnehmen.
- Den Ölfilter abbauen.
- Die Ölpumpe vom Block abschrauben.
- Das Zahnriemenrad der Nebenwelle demontieren.
- Den Dichtungsträger der Nebenwelle abschrauben (Bild 31).
- Die Wasserpumpe abschrauben.
- Die Ölwanne nach unten abbauen.
- Das Kurbelwellen-Zahnriemenrad demontieren.
- Die Stirnplatte abschrauben.
- Den Lagerdeckel der Kurbelwelle hinten abnehmen.
- Das Ölsaugrohr mit Halter vom Block abschrauben.
- Die Pleueldeckel abschrauben.

Achtung: Beim Dieselmotor müssen für die Haupt- und Pleuellager bei jeder Montage neue Schrauben verwendet werden.

- Die Kolben mit den Pleueln nach oben ausbauen.
- Die Pleueldeckel mit den Lagerschalen den Pleueln wieder zuordnen und die Schrauben lose eindrehen.
- Die Hauptlagerdeckel demontieren.
- Die Kurbelwelle sorgfältig aus dem Motorblock heben.
- Die klebenden Lagerschalen abnehmen und den jeweiligen Lagerstellen wieder zuordnen.
- Die Hauptlagerdeckel den Lagerstellen wieder zuordnen und die Schrauben lose eindrehen.
- Alle Teile (ohne Lagerschalen) fettfrei reinigen.

2.7 Zusammenbau der Motoren

Nachdem alle schadhaften Teile revidiert oder ersetzt worden sind, kann der Motor wieder zusammengebaut werden.
- Die Hauptlagerschalen in den Motorblock trocken einlegen. Die Anlaufscheiben so einlegen, dass die Nuten sichtbar sind.
- Die Lagerstellen schmieren (Motorenöl) und die Kurbelwelle in die Lagerstellen legen.
- Die Hauptlagerdeckel mit eingelegten Lagerschalen auflegen.
- Die Lagerdeckel mit dem vorgeschriebenen Drehmoment festziehen.
- Den freien Lauf der Welle prüfen. Werden Klemmer festgestellt, ein Lager nach dem andern lösen, bis das fehlerhafte aufgefunden ist.
Mögliche Fehler:
- Lagerspiel falsch
- Schmutz zwischen Schale und Block/Deckel
- Verzogene Bauteile
- Die Kolben mit montierten Pleueln einbauen: Der Pfeil auf der Kolbenkrone muss zur Zahnriemenseite des Motors weisen.

Das Kolbenspannband auf den Kolben montieren. Dabei darauf achten, dass die Kolbenringe vollständig in die Nuten gedrückt werden.
Den Kolben mit Pleuel einführen und mittels leichtem Klopfen des Hammerstiels vollständig einschieben (Bild 31).
Wird Widerstand spürbar, keine Gewalt anwenden.
Prüfen, ob das Spannband richtig am Kolben anliegt und die Ringe vollständig in den Nuten sitzen.
- Die Pleuellagerstellen schmieren und die Deckel aufsetzen.
Die Pleuelschrauben einsetzen und mit dem vorgeschriebenen Drehmoment festziehen.
Prüfen, ob die Pleuel auf den Zapfen frei laufen (Hin- und Herschieben).

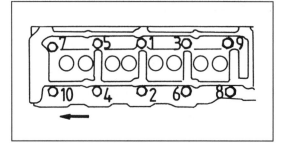

Bild 30
Anzugsreihenfolge Zylinderkopfschrauben

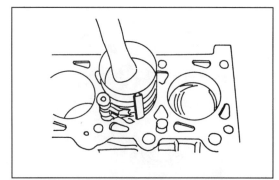

Bild 31
Kolben einbauen

- Den Öldruckschalter einschrauben.
- Den vorderen Abschlussdeckel (Diesel-Stirndeckel) mit der Ölpumpe abbauen.

Die Pumpe mit Motorenöl schmieren und durchdrehen.

Den Dichtring vor dem Anbau in den Abschlussdeckel einbauen.

- Den hinteren Abschlussdeckel der Kurbelwelle montieren. Dabei zur Dichtfläche der Ölwanne ausrichten.
- Das Schwungrad anbauen und mit dem vorgeschriebenen Drehmoment festziehen.

Dazu neue Schrauben verwenden und mit Dichtmittel einsetzen.

- Die Kupplung mittels Zentrierdorn auf die Schwungscheibe montieren.

Die Schrauben in mehreren Umgängen festziehen, damit der Kupplungskorb nicht verzogen wird.

Der Zentrierdorn der Mitnehmerscheibe muss sich anschliessend leicht abziehen lassen. Andernfalls die Mitnehmerscheibe nochmals zentrieren. Als Zentrierdorn kann eine alte Antriebswelle des Getriebes verwendet werden.

Der weitere Zusammenbau wird für die verschiedenen Motoren getrennt behandelt.

Bild 32
Kettenspanner ausmessen
A Abstand der Messpunkte

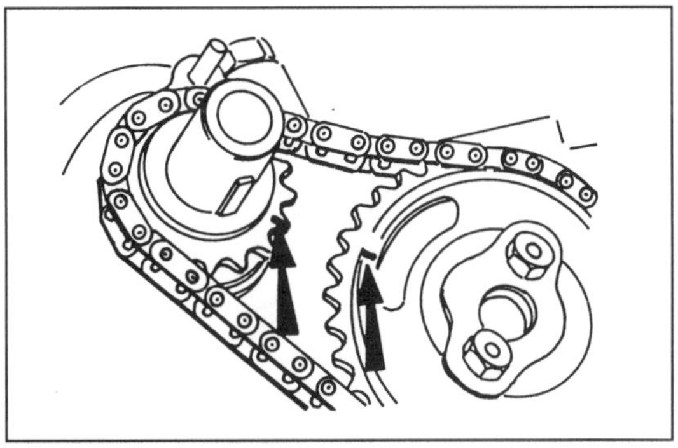

2.7.1 Motor 1,1 l

- Das Ölsaugrohr anbauen.
- Den Kettenspanner montieren.
- Die Parallelität der Hubscheibe zur Zylinderblock-Frontfläche messen (Bild 32). Die Abweichung der Messpunkte darf maximal 0,2 mm betragen.
- Die Feder vorspannen und den Spannarm auf den Stift am Hauptlagerdeckel aufschieben.
- Die Feder des Kettenspanners entspannen.
- Das Kettenrad mit Hilfe der Riemenscheibe, der Schraube und Scheibe auf die Kurbelwelle aufziehen.
- Die Ventilstössel von unten in den Block einsetzen.
- Die Nockenwelle einbauen und mit der Halteplatte im Block befestigen.
- Die Schrauben mit dem Sicherungsblech sichern.
- Das Nockenwellenrad mit der Steuerkette aufsetzen.

Die Marken der Räder müssen, wenn das Zugtrumm der Kette gespannt ist, genau fluchten (Bild 33).

- Das Kettenrad der Nockenwelle festziehen.
- Das Ölschleuderblech aufsetzen.
- Den Stirndeckel mit neuem Simmerring montieren.
- Mit dem Keilriemenrad den Deckel vor dem Festziehen zentrieren.

Bild 33
Einbaulage der Kettenräder

- Den Dichtringträger hinten mit neuem Dichtring und dem Werkzeug 21-103 zentrieren (Bild 34).
- Den Träger festschrauben.
- Die Gummidichtung der Ölwanne auf den Motorblock aufsetzen.
- Die Dichtfläche des Blocks im Bereich Übergang Dichtungsträger/Blockfläche mit Silikondichtmasse bestreichen. Auf die richtige Lage der Dichtung in den Nuten der Dichtungsträger achten (Bild 35).

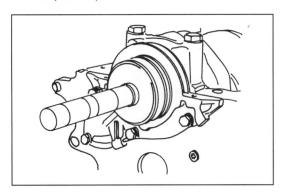

Bild 34
Dichtringträger hinten zentrieren

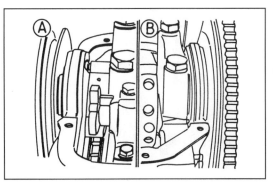

Bild 35
Ölwannendichtung montieren
A Stirndeckel
B Dichtringträger hinten

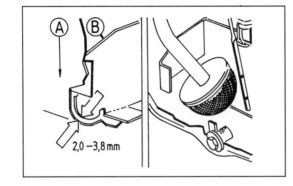

Bild 36
Anzugsreihenfolge

Bild 37
Abstand Prallblech – Ölwanne
A Ölwanne
B Prallblech

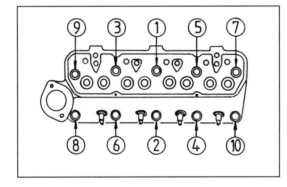

Bild 38
Anzugsreihenfolge

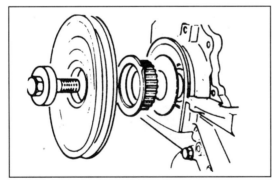

Bild 39
Zahnriemenrad aufziehen

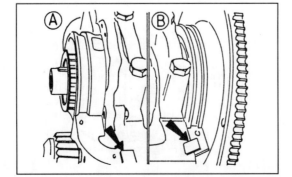

Bild 40
Dichtmasse auftragen
A Ölpumpengehäuse
B Dichtringträger hinten

● Die Ölwanne aufsetzen und in drei Umgängen festziehen.
Anzugsreihenfolge gemäss Bild 36 einhalten:
1. Umgang in alphabetischer Reihenfolge
2. Umgang in numerischer Reihenfolge
3. Umgang in alphabetischer Reihenfolge
Achtung: Vor dem Anbau der Ölwanne prüfen, ob der in Bild 37 dargestellte Abstand zwischen Wanne und Prallblech weder kleiner noch grösser ist. Eingedrückte oder beschädigte Ölwannen ersetzen, da das angegebene Mass für die einwandfreie Schmierung der Ölwanne wichtig ist.
● Die Ölpumpe anbauen.
● Die DIS-Zündspule montieren.
● Den Ölfilter mit gut geölter Dichtung von Hand aufdrehen.
● Bei Vergasermotor die Benzinpumpe montieren.
● Die Kühlmittelpumpe anbauen.
● Die Dichtflächen der Zylinderkopfdichtung fettfrei reinigen. Dazu Trichloräthylen verwenden.
● Die Dichtung auflegen und den Zylinderkopf montieren. Die neuen Zylinderkopfschrauben gemäss der Anzugsreihenfolge in Bild 38 festziehen.
Folgende Drehmomente einhalten:
1. Umgang 30 Nm
2. Umgang +90° Drehwinkel
3. Umgang +90° Drehwinkel
● Die geschmierten Stösselstangen einsetzen.
● Die Kipphebelachse komplett aufsetzen.
● Die Kipphebel mit den Stösselstangen verbinden.
● Die Kipphebelachse festziehen.
● Den Thermostaten in den Zylinderkopf einsetzen und den Wasserstutzen mit neuer Dichtung montieren.
● Die Riemenscheibe der Kühlmittelpumpe anbauen.
● Das Ventilspiel einstellen:
Spiel Einlassventil 0,20–0,25 mm
Spiel Auslassventil 0,30–0,35 mm
Folgendermassen vorgehen:

Überschneidung	Einstellen
4. Zylinder	1. Zylinder
3. Zylinder	2. Zylinder
1. Zylinder	4. Zylinder
2. Zylinder	3. Zylinder

● Den Ventildeckel aufsetzen und festziehen.
● Die Zündkerzen montieren.
● Die Zündkabel montieren.
● Ansaug- und Auspuffkrümmer montieren.
● Den Luftfilter anbauen.

2.7.2 Motor 1,4/1,6 l Einspritzer

● Die Anlaufscheibe mit der gewölbten Seite

nach aussen weisend aufschieben.
- Den Kurbelwellenzapfen einfetten und das Zahnriemenrad mit Hilfe der Keilriemenscheibe und der Schraube aufziehen (Bild 39).
- Die Wasserpumpe mit neuer Dichtung montieren.
- Die Ölwannendichtfläche im Bereich Stoss-Abschlussdeckel mit Dichtmasse bestreichen (Bild 40).
- Eine neue, einteilige Gummidichtung in die Nut des Dichtungsträgers und das Gehäuse der Ölpumpe einsetzen. Als Montagehilfe 10 M6-Gewindestifte in die Gewindelöcher eindrehen.
- Die Ölwanne aufsetzen und festschrauben.
- Sicherstellen, dass die Abstandsnoppen der Wanne in den entsprechenden Löchern der Dichtung sitzen.
- Die Schrauben in der vorgeschriebenen Reihenfolge und mit dem richtigen Drehmoment festziehen (Bild 41).
- Die Führungsbüchsen der Zylinderkopfdichtung in den Block einsetzen.
- Die Dichtfläche der Zylinderkopfdichtung mit Trichloräthylen fettfrei reinigen.
- Die neue Zylinderkopfdichtung auflegen (Bild 42).

Die Dichtungen sind gekennzeichnet:
2 - Zacken 1,4 l-Motor
4 - Zacken 1,6 l-Motor

Vor dem Aufsetzen des Zylinderkopfes den Kolben des 1. Zylinders auf OT stellen.
Die Nockenwelle im Zylinderkopf auf Ventilwechsel 4. Zylinder einstellen (Zündzeitpunkt 1. Zylinder).
- Den Zylinderkopf mit fettfrei gereinigter Dichtfläche aufsetzen.
Neue Zylinderkopfschrauben eindrehen und gemäss Bild 43 in 4 Stufen festziehen.
Folgende Drehmomente einhalten:
1. Umgang 20–40 Nm
2. Umgang 40–60 Nm
3. Umgang +90° Drehwinkel
4. Umgang +90° Drehwinkel
Anschliessend darf der Zylinderkopf nicht mehr nachgezogen werden!
- Den Zahnriemenspanner lose anbauen und soweit als möglich nach links rücken.
- Die Nockenwelle gemäss Bild 44 ausrichten.
- Die Kurbelwelle drehen, bis die Marken gemäss Bild 45 fluchten.
- Den Zahnriemen so auflegen, dass das Zugtrumm (links) straff liegt.
- Den Zahnriemen wie folgt spannen:
Den Spanner anlegen und den Riemen vorspannen.
Den Spanner festziehen.
Die Kurbelwelle 2mal im Uhrzeigerdrehsinn (von vorne betrachtet) durchdrehen. Darauf achten,

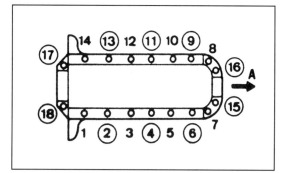

Bild 41
Ölwanne festziehen
A Vorderseite Motor

Bild 42
Zylinderkopfdichtung auflegen
A Führungsbuchsen
B Kerben

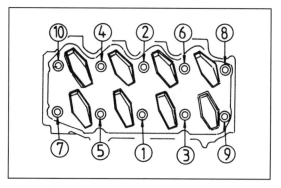

Bild 43
Anzugsreihenfolge

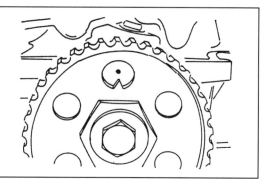

Bild 44
Einstellmarke Nockenwelle

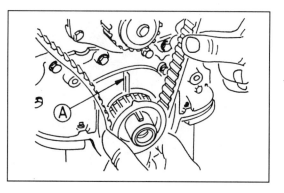

Bild 45
Einstellmarke Kurbelwelle
A OT-Markierung

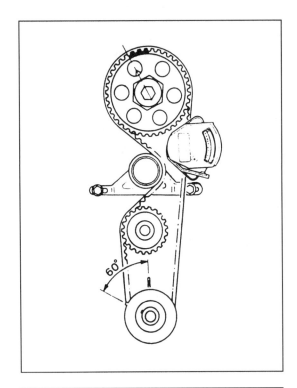

Bild 46
Zahnriemenspannung messen

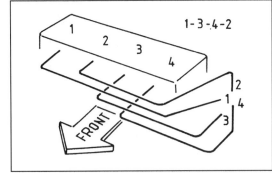

Bild 47
Anschluss der Zündleitungen

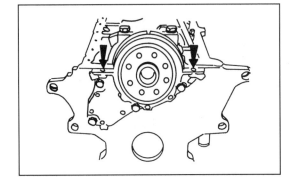

Bild 48
Einbaulage Dichtringträger

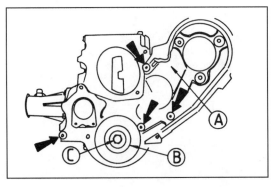

Bild 49
Stirnplatte anbauen
A Stirnplatte
B Spezialwerkzeug 21.148
C Schraube Schwingungsdämpfer

dass kein Widerstand spürbar ist.
Den Motor auf OT 1. Zylinder drehen.
Die Kurbelwelle 60° zurückdrehen.
Das Spezialwerkzeug 21-113 gemäss Bild 46 anbringen und die Spannung ablesen.
Die Spannung soll bei neuem Riemen 10 bis 11 Skalenteilungen, bei gelaufenem Riemen 4 bis 6 Teilungen betragen.
Den Spanner solange verstellen, bis die richtige Spannung vorliegt (Das Messprozedere einhalten).
Beide Zahnriemenabdeckungen anbringen.
● Die Kurbelwellenriemenscheibe anbauen.
● Die Zündkerzen (neu) einschrauben.
● Die Verteilerkappe mit den Zündleitungen montieren (Bild 47).
● Den Ölfilter montieren.
Dazu die Dichtung gut einölen und von Hand aufdrehen, bis die Dichtung anliegt. Anschliessend 3/4 Umdrehungen weiter anziehen.
● Die Ölablassschraube mit neuer Dichtung einschrauben.
● Motorenöl einfüllen und Ölmessstab einstecken.
● Den Alternator anbauen und den Keilriemen auflegen.
● Den Keilriemen so spannen, dass er sich unter Daumendruck 8 bis 10 mm durchdrücken lässt.

2.7.3 1,8 l Diesel

● Das Gehäuse des hinteren Dichtringträgers der Kurbelwelle mit neuer Dichtung bündig zur Unterkante Block anbauen (Bild 48).
● Den neuen Dichtring wie folgt einbauen:
Bund der Kurbelwelle und Lippe des Dichtrings gut einölen.
Den Dichtring auf das Werkzeug 21-011E aufsetzen.
Das Werkzeug so ansetzen, dass sich die zwei Löcher mit zwei Gewinden der Kurbelwelle decken.
Den Dichtring mit leichten Hammerschlägen auf das Werkzeug eintreiben, bis das Werkzeug mit zwei Schrauben M10x1x38 an der Kurbelwelle befestigt werden kann.
Die Schrauben gleichmässig festziehen, bis das Werkzeug plan anliegt.
Das Werkzeug demontieren.
● Die Stirnplatte anbauen und zum Zentrieren das Werkzeug 21-148 verwenden (Bild 49).
● Den neuen Dichtring mit dem Werkzeug 21-148 bis zum Anschlag einziehen.
● Das Kurbelwellen-Zahnriemenrad sorgfältig auf die Kurbelwelle schieben. Der Stift im Kurbelwellenzapfen muss in die Bohrung des Rades passen (Bild 50).

- Die Nebenwelle zusammen mit der Halteplatte einbauen.

Die Aussparungen in der Halteplatte müssen nach vorne weisen (Bild 51).

- Die Ölwanne mit neuer Dichtung montieren (Bild 52):

Auf die richtige Lage der Dichtung achten.
Zunächst die vier Eckschrauben 1/2/9/10 handfest anziehen.
Die Schrauben 3 bis 8 und 11 bis 16 nach Vorschrift festziehen (Bild 53).
Die Eckschrauben definitiv festziehen.

- Die Wasserpumpe anbauen.
- Den neuen Dichtringträger der Nebenwelle montieren.

Dichtring und Träger bilden eine Einheit, und können nicht ersetzt werden.
Den Dichtringträger nur mit eingebautem Kunststoffring anbauen.

- Die Ölpumpe mit neuer Dichtung am Block festschrauben.

Vor dem Anbau die Pumpe mit ca 10 ccm Motorenöl befüllen.

- Den neuen Ölfilter mit gut geölter Dichtung von Hand aufdrehen.
- Den Kolbenüberstand mit der Messuhr ermitteln.

Den Überstand jedes Kolbens in OT-Lage messen.
Dazu die Messuhr gemäss Bild 54 ansetzen.
Die Messung pro Kolben an zwei Stellen in der Kolbenbolzen-Achse, 5 mm vom Aussenrand vornehmen.

- Die neuen Dichtungen nach der Tabelle in der Mass- und Einstelltabelle auswählen (Bild 55).

Die Dichtflächen der Zylinderkopfdichtung fettfrei reinigen. Dazu Trichloräthylen verwenden.

- Die Kurbelwelle auf OT 1. und 4. Zylinder drehen.
- Die Nockenwelle im Zylinderkopf gemäss Bild 56 ausrichten.
- Die Dichtung auflegen.
- Den Zylinderkopf auflegen und mit neuen Schrauben festziehen (Bild 57).

Folgende Momente einhalten:
1. Umgang 20–30 Nm
2. Umgang 76–92 Nm
mindestens 2 Minuten warten
3. Umgang +90° Drehwinkel
Die Schrauben dürfen nicht nachgezogen werden!

- Die Glühkerzen einschrauben.
- Kabelstrang montieren.
- Die Einspritzdüsen mit dem Spezialwerkzeug GV-2304 einschrauben (Bild 58).

Dazu neue Hitzeschilder verwenden.

- Das Thermostatgehäuse an den Zylinderkopf anbauen.
- Den Kühlmittelschlauch an Wasserpumpe

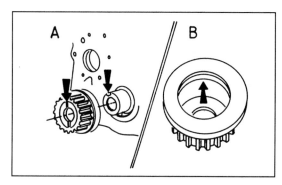

Bild 50
Zahnriemenrad montieren
A Einbauposition Rad
B O-Ring

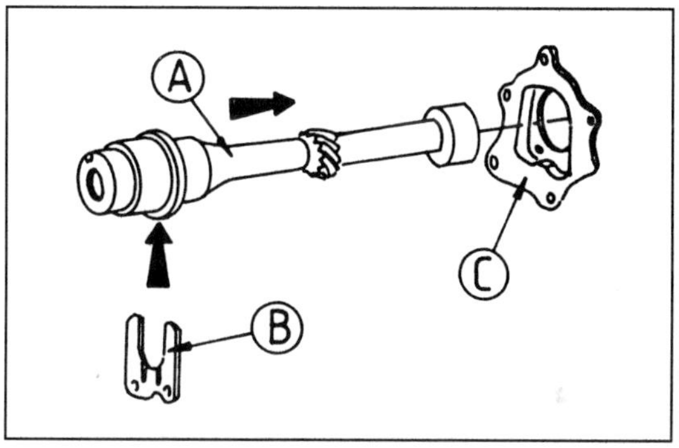

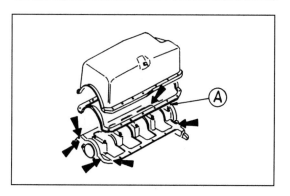

Bild 51
Nebenwelle montieren
A Nebenwelle
B Halteplatte
C Stirnplatte

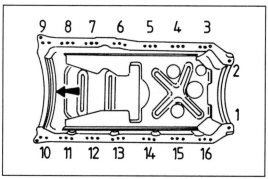

Bild 52
Ölwanne montieren
A Aussparung im Dichtringgehäuse

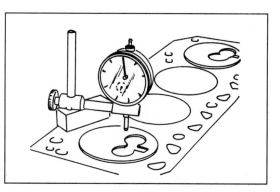

Bild 53
Anzugsreihenfolge Ölwannenschrauben

Bild 54
Messuhr anbringen

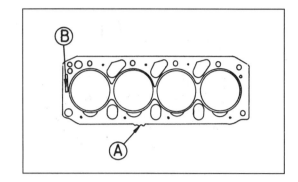

Bild 55
Zylinderkopfdichtung
A Kennzeichnung der Dicke
B TOP/OBEN-Bezeichnung

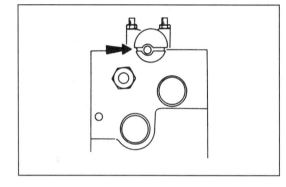

Bild 56
Einbaulage der Nockenwelle

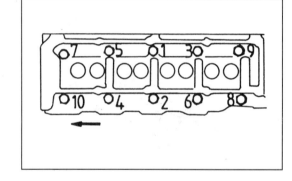

Bild 57
Anzugsreihenfolge
Pfeil = Stirnseite Motor

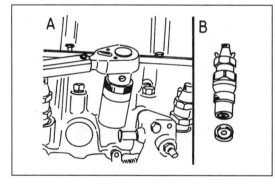

Bild 58
Einspritzdüsen montieren
A Düsen einbauen
B Düse mit Hitzeschild

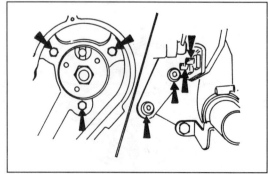

Bild 59
Einspritzpumpe montieren

und Thermostatgehäuse anschliessen.
● Das Wasserverteilrohr montieren.
Achtung:
Den Wasserschlauch an der Wasserpumpe so anbauen, dass die weisse Markierung am Schlauch mit der Gussmarke am Stutzen fluchtet.
● Den Halter des Alternators anbauen.
● Den Alternator mit der Spannlasche anbauen.
● Die Einspritzpumpe an der Stirnplatte anschrauben (Bild 59).
● Die Einspritzleitungen Pumpe-Düsen montieren.
● Die Leckölleitungen anbauen.
● Die Unterdruckpumpe mit neuem O-Dichtring wie folgt anbauen (Bild 60).
Untere Schraube eindrehen.
Die Pumpe ansetzen.
Die obere Schraube montieren.
Beide Schrauben gleichmässig festziehen.
● Den Ölrücklaufschlauch anschliessen.
● Die beiden hinteren Zahnriemen-Abdeckbleche anschrauben.
● Zahnriemenrad, Spanner, Nockenwellenrad und Zahnriemen montieren (Bild 61):
Nockenwellenrad anbauen.
Einspritzpumpenrad montieren. Langlöcher ausmitteln.
Riemenspanner im vorgespannten Zustand anbauen.
Nebenwellenrad montieren (Führungsstift einwandfrei einrasten).
Die Räder der Nockenwelle und der Einspritzpumpe so ausrichten, dass die Bohrungen/Aussparungen in den Rädern mit den Bohrungen im Zylinderkopf/Pumpengehäuse übereinstimmen.
Einstellstift 23-019 (Nockenwelle und CAV-Pumpe) oder 23-029 (Bosch-Pumpe) einsetzen.
Achtung:
Bei CAV-Pumpe einen neuen 6 mm-Bohrer mit dem Schaft in das Zahnriemenrad einsetzen.
Den OT-Einstellstift 21-104 eindrehen.
Darauf achten, dass er bis zum Anschlag eingedreht ist und die Kurbelwelle am Stift anliegt.
Den neuen Zahnriemen (Einspritzpumpe) so auflegen, dass das Zugtrumm straff liegt (Bild 62).
Die Befestigungsschraube des Spanners um eine halbe Umdrehung lösen. Der Spanner schnappt zum Zahnriemen und spannt diesen.
Achtung: Beim Einbau des Riemens auf die angegebene Laufrichtung achten.
● OT-Einstellstift herausdrehen.
Den Kurbelwellenschwingungsdämpfer mit neuen Schrauben anschrauben.
Achtung:
Beim Anbau der Scheibe darauf achten, dass

die Nase des Schwingungsdämpfers in die Kerbe des Zahnriemenrads greift (Bild 63).
- Den Schwingungsdämpfer mit dem Spezialwerkzeug 15-030A gegen Verdrehen sichern.
- Den OT-Einstellstift wieder montieren und Anlage der Kurbelwelle sicherstellen.

Den neuen Zahnriemen der Nockenwelle auflegen.
Das Zugtrumm soll straff liegen.
- Den Zahnriemenspanner lösen, sodass er gegen den Riemen schnappt und diesen spannt.
- Den Spanner wieder festziehen.
- Alle Einstellstifte entfernen:

Die Kurbelwelle in Laufrichtung 2 Umdrehungen drehen, bis das Langloch des Einspritzpumpenrads in 12 Uhr-Stellung steht. Anschliessend zurück auf 11 Uhr-Stellung drehen.
In dieser Stellung den OT-Stift eindrehen.
Die Kurbelwelle sorgfältig in Laufrichtung drehen, bis zur Anlage am Stift drehen.
Einstellstifte in Nockenwellenrad und Pumpenrad einsetzen (CAV-Pumpe 6 mm-Bohrschaft).
Die Befestigungsschrauben der Riemenräder eine halbe Umdrehung lösen und die beiden Zahnriemen auf der dem Spanner gegenüberliegenden Seite andrücken und wieder loslassen.
Alle Schrauben wieder festziehen (Bild 64).
Alle Einstellstifte wieder entfernen.
- Den OT-Einstellstift in den Zylinderblock eindrehen.
- Die obere und untere Zahnriemenabdeckung anbauen.

Auf festen Sitz der Befestigungsmutter an der Wasserpumpe achten. Notfalls mit Loctite 242 sichern.
- Keilriemen des Alternators auflegen und spannen.
- Die Abdeckung des Alternators anbauen.
- Das Schwungrad mit neuen Schrauben festziehen.
- Das Ventilspiel einstellen:

Siehe Kapitel Zylinderkopf.
- Die Ventilhaube montieren.
- Auspuff- und Ansaugkrümmer montieren (Bild 65).
- Spritzpunkt der Pumpe einstellen:

Den Motor in Position gemäss Bild 65 drehen.
Den OT-Stift eindrehen und den Motor in Laufrichtung gegen den Stift drehen (sorgfältig).
Den Einstellstift 23-029/23-019 vom Zahnriemenrad der Pumpe her, durch den Schlitz in der Frontplatte in den Antriebsflansch einführen.
Der Stift muss sich leicht und vollständig einführen lassen.
Andernfalls die Befestigungsschrauben des Zahnriemenrads lösen und die Pumpe so verdrehen, dass der Stift leicht gleitet. Anschliessend die Schrauben wieder festziehen.

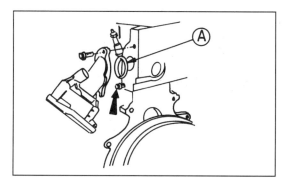

Bild 60
Unterdruckpumpe montieren
A O-Ring

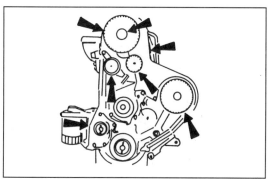

Bild 61
Zahnriementrieb montieren

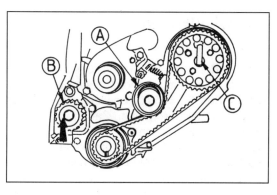

Bild 62
Zahnriemen der Einspritzpumpe
A Spanner
B Nebenwellenrad
C Einstellstift

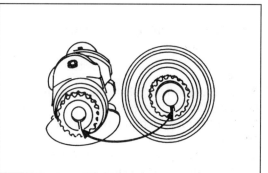

Bild 63
Schwingungsdämpfer montieren

Bild 64
Riemenräder festziehen

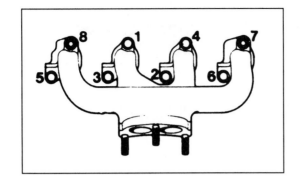

Bild 65 a
Auspuffkrümmer anbauen
A Dichtring
B Kunststoffhülse

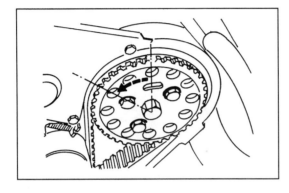

Bild 65 b
Einbaulage für OT-Einstellstift

2.8 Zylinderkopf

Der Zylinderkopf kann zu Revisionszwecken bei eingebautem Motor demontiert werden.
Bis auf den 1,1 l-Motor besitzen alle Motoren obenliegende, durch einen Zahnriemen angetriebene Nockenwellen.
Beim 1,1 l-Motor sitzt die Nockenwelle im Motorblock und wird durch eine Steuerkette mit Spanner angetrieben.

2.8.1 Aus- und Einbau des Zylinderkopfes – 1,1 l-Motor

Ausbau:
- Das Batterie-Massekabel abklemmen.
- Den Luftfilter demontieren.
- Die Elektroverbindungen Vergaser/Einspritzung abnehmen.
- Das Kühlmittel in eine Wanne ablassen.
Dazu den unteren Kühlerschlauch vom Kühler abbauen.
Das Kühlmittel kann, wenn nicht älter als 2 Jahre und nicht verschmutzt, wieder verwendet werden.
- Die Kühlmittelschläuche vom Thermostatgehäuse abnehmen.
- Die Kühlmittelschläuche vom Ansaugkrümmer zur Heizung abnehmen.
- Beim Vergasermotor den Starterzug vom Vergaser abbauen.
- Den Gaszug abbauen.
- Die Kraftstoffleitungen abbauen.
- Den Unterdruckschlauch zum Bremsservo vom Ansaugkrümmer demontieren.
- Die Zündkerzenstecker abziehen.
- Alle Elektroverbindungen zum Motor trennen.
- Das Auspuffrohr vorn vom Auspuffkrümmer abschrauben.
- Das Auspuffrohr mit Bindedraht befestigen.
- Den Ventildeckel demontieren.
- Die Kipphebelachse abschrauben und komplett entnehmen.
- Die Stösselstangen herausnehmen und in der Einbaulage ablegen.
- Die Zylinderkopfschrauben lösen und den Zylinderkopf abnehmen.
Sollte die Dichtung kleben, mit leichten Kunststoffhammerschlägen den Zylinderkopf lösen. Keinesfalls irgendwelche Werkzeuge zwischen Kopf und Block treiben. In den Zylindern befindliches Wasser und Öl entfernen.
Der Einbau erfolgt in umgekehrter Reihenfolge. Dazu das Kapitel Zusammenbau 1,1 l-Motor beachten.
Das Kühlsystem entsprechend dem Kapitel Kühlung befüllen und entlüften. Die Thermostatfunktion überprüfen.

2.8.2 Aus- und Einbau des Zylinderkopfes – 1,4/1,6 l-Motor

Ausbau:
- Das Massekabel der Batterie abklemmen.
- Beim 1,4 l-Motor den Luftfilter demontieren.
- Beim 1,6 l-Motor das Ansaugrohr vom Ventildeckel und Kopf abbauen.
- Das Kühlmittel in eine Wanne ablassen. Es kann wieder verwendet werden, wenn es nicht älter als 2 Jahre und nicht verschmutzt ist.
Dazu den unteren Kühlmittelschlauch vom Stutzen abnehmen.
- Alle Kühlmittelschläuche vom Zylinderkopf abnehmen.
- Alle elektrischen Verbindungen zum Zylinderkopf trennen.
- Den Gaszug abnehmen.
- Die Unterdruckleitung zum Servo vom Ansaugkrümmer trennen.
- Das Auspuffrohr vom Auspuffkrümmer abschrauben.
- Das Rohr mit Bindedraht hochbinden.
- Die obere Zahnriemenabdeckung demontieren.
- Den Motor auf OT 1. Zylinder drehen.
Den Zahnriemenspanner lösen und den Riemen vom Nockenwellenrad nehmen.
- Die Kerzenstecker abziehen und die Kerzen demontieren.
- Die Zylinderkopfschrauben von aussen nach innen lösen und den Zylinderkopf abnehmen.

● Sollte die Dichtung kleben, mit leichten Kunststoffhammerschlägen den Kopf lösen. Keinesfalls irgendwelche Werkzeuge zwischen Kopf und Block treiben.
● Wasser und Öl aus den Zylindern entfernen.
Der Einbau erfolgt in umgekehrter Reihenfolge. Dazu das Kapitel Zusammenbau 1,1 l-Motor beachten.
Das Kühlsystem entsprechend dem Kapitel Kühlung befüllen und entlüften. Die Thermostatfunktion überprüfen.

2.8.3 Aus- und Einbau des Zylinderkopfes – 1,8 l-Diesel

● Das Massekabel der Batterie abklemmen.
● Das Kühlmittel in eine Wanne ablassen. Es kann, wenn nicht älter als 2 Jahre und nicht verschmutzt, wieder verwendet werden.
● Den oberen Kühlmittelschlauch Kühler-Thermostatgehäuse abbauen.
● Den Luftansaugschlauch vom Ansaugkrümmer abbauen.
● Den Ansauggeräuschdämpfer mit Filter demontieren.
● Gehäuse Ansauggeräuschdämpfer ausbauen.
● Die Wasserschläuche zur Heizung demontieren.
● Die Unterdruckleitung Servo-Unterdruckpumpe und den Ölrücklaufschlauch abbauen.
● Die Leckölschläuche der Einspritzventile abziehen.
Die Einspritzleitungen komplett demontieren (Bild 66 a).
Die Öffnungen sofort mit Plastik-Kappen verschliessen.
● Den Halter des Ölmessstabes demontieren.
● Das Thermostatgehäuse ausbauen.
● Die Kraftstoffleitungen zur Einspritzpumpe demontieren.
● Den Kraftstofffilter ausbauen.
● Das vordere Auspuffrohr vom Ansaugkrümmer abschrauben und hochbinden.
● Den Alternator lösen und den Keilriemen abnehmen.
● Die obere Zahnriemenabdeckung abbauen.
● Die Abdeckung des Alternators abschrauben und den Verschlussstopfen des OT-Einstellstifts demontieren.
Den Motor drehen, bis das Langloch des Zahnriemenrads der Einspritzpumpe auf 11,0 steht.
● Den OT-Einstellstift in den Block eindrehen.
● Den Motor in Drehrichtung langsam drehen, bis er am Stift ansteht.
● Die mittlere Schraube des Nockenwellen-Zahnriemenrads leicht lösen.
● Den Zahnriemenspanner der Zahnriemen-

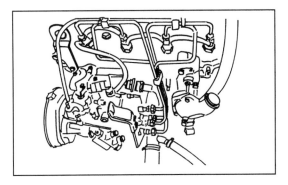

Bild 66 a
Einspritzleitungen

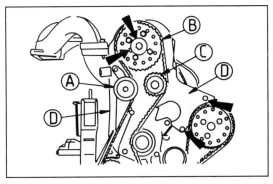

Bild 66 b
A Zahnriemenspanner
B Nockenwellenrad
C Zahnriemenrad
D hintere Abdeckung

Nockenwelle demontieren.
● Den Zahnriemen abnehmen.
● Das Nockenwellenrad abbauen.
● Das Zahnriemenrad C in Bild 66 b demontieren.
● Beide hinteren Abdeckbleche abbauen.
● Die untere seitliche Abdeckung demontieren.
● Die Einspritzdüsen mit dem Werkzeug GV-2304 ausbauen.
● Hitzeschilder herausnehmen.
● Den Kabelstrang zu den Glühkerzen abbauen.
● Die Glühkerzen ausbauen.
● Den Ventildeckel demontieren.
● Die Zylinderkopfschrauben lösen und den Zylinderkopf abnehmen.
Die Schrauben dürfen nicht mehr verwendet werden.
● Wasser und Öl aus den Zylindern entfernen.
Der Einbau erfolgt in umgekehrter Reihenfolge des Ausbaus.
Dabei ist folgendes zu beachten:
● Die Dichtflächen der Zylinderkopfdichtung fettfrei reinigen.
Dazu Trichloräthylen verwenden.
● Die Zylinderkopfdichtung gemäss Kapitel Motor zusammenbauen bestimmen.
● Vor dem Auflegen des Zylinderkopfes die Nockenwelle in die Position gemäss Bild 67 drehen.
● Für den Zusammenbau nur neue Schrauben verwenden.
● Die Anzugsreihenfolge in Bild 68 einhalten.
● Die Drehmomente und Drehwinkel nach der Mass- und Einstelltabelle genau einhalten.

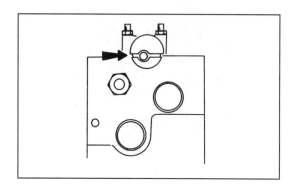

Bild 67
Einbaulage Nockenwelle

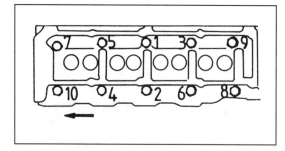

Bild 68
Anzugsreihenfolge

● Den Zahnriementrieb nach Kapitel Zusammenbau des Motors montieren.
● Das Kühlsystem ist nach dem Befüllen entsprechend Kapitel Kühlung zu entlüften.

2.8.4 Revision Zylinderkopf Benziner

Zerlegen des Zylinderkopfes:
● Den Ansaugkrümmer demontieren.
● Den Auspuffkrümmer abschrauben.
● Den Zündverteiler abmontieren.
● Das Thermostatgehäuse abschrauben.

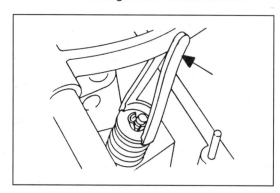

Bild 69
Ventilfederzange

Bild 70
Kippspiel messen

1400/1600 Motor:
● Die Kipphebel von den Stehbolzen abschrauben.
Die Kipphebel so ablegen, dass sie später wieder am selben Ort montiert werden können.
● Mit der Ventilfederzange die Ventilfedern spannen, bis die Keile entnommen werden können (Bild 69).
● Die Zange entspannen und die Teile des Ventils abnehmen.
Die Ventilschaftabdichtung abziehen und die Federauflage entnehmen.
1400/1600 Motor:
● Die Hydrostössel entnehmen und in Einbaulage deponieren.
Achtung: Alle Teile so ordnen, dass sie beim Zusammenbau wieder am alten Ort eingebaut werden können.
● Die Halteplatte der Nockenwelle demontieren.
● Die Nockenwelle sorgfältig aus den Bohrungen ziehen.
● Die Ventile aus den Führungen nehmen.
Eventuelle Grate am Ventilschaftende zuerst entfernen.

Überprüfen der Teile:
Zylinderkopf
Die Dichtfläche ist auf Planheit zu prüfen.
Dazu ein Stahllineal diagonal auf die Fläche legen und mit der Blattlehre Unebenheiten feststellen.
Die Messung in der anderen Diagonalen wiederholen.
Die max. zulässige Unebenheit beträgt 0,05 mm.
Der Zylinderkopf darf maximal 0,3 mm nachgearbeitet werden.
Das Brennraumvolumen darf 38,88 ccm nicht unterschreiten.
Werden diese Bedingungen nicht mehr erfüllt, muss der Zylinderkopf ersetzt werden.
Die Bohrungen der Nockenwelle sind auf Riefenfreiheit zu prüfen.
Die Nockenwelle muss sich leicht drehen lassen.
Verzogene und beschädigte Zylinderköpfe immer ersetzen.
Leicht eingeschlagene Ventilsitze kann man mit einem geeigneten Ventilsitzbearbeitungsgerät (z. B. Hunger) nacharbeiten.
Vorgängig jedoch das Kippspiel der Ventile in den Führungen messen (Bild 70).
Das Kippspiel darf maximal 0,7 mm Einlass und 0,8 mm Auslass betragen.
Wird das Spiel überschritten, sind die Führungen auf das nächste Reparaturmass aufzureiben (Bild 71).
Anschliessend sind neue, entsprechende Ventile auszuwählen.

Die Ventilsitzbreiten sollen folgende Breiten aufweisen:

	1400/1600 Motor	1100 Motor
Einlass	1,75 mm	1,18 mm
Auslass	2,32 mm	1,75 mm

Der Ventilsitzwinkel beträgt für beide Ventile 45°. Der obere Korrekturwinkel beträgt 30°, der untere 75°.
Den Ventilteller anschliessend leicht mit feiner Einschleifpaste bestreichen und das Ventil einsetzen.
Das Ventil nur wenig eintouchieren. Der Ventilsitz stellt sich am Ventil als mattgrauer Ring der entsprechenden Breite dar.
Aussen soll ein schmaler, 0,5 mm breiter glänzender Ring sichtbar sein (Bild 72).
Keinesfalls das Ventil einschleifen. Der präzise, zentrische Sitz ist durch geeignetes Werkzeug und sorgfältige Arbeit erzielbar.
Der Zusammenbau erfolgt in umgekehrter Reihenfolge der Zerlegung.

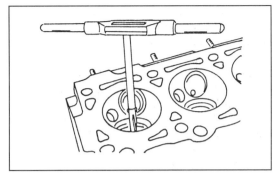

Bild 71
Ventilführung aufreiben

Bild 72
Ventil eintouchieren

2.8.5 Revision Zylinderkopf 1,6 l-Diesel

● Die Nockenwelle ausbauen:
Zuerst die Lagerdeckel 2 und 4 ausbauen, danach die Muttern der übrigen Lagerdeckel gleichmässig gangweise lösen.
Die Lagerdeckel und die Nockenwelle entnehmen.
● Die Ventilstössel mit den Einstellscheiben entnehmen.
So ablegen, dass sie am selben Ort wieder montiert werden können.
● Mit der Ventilfederzange die Ventilfedern spannen, bis die Keile aus den Ventiltellern genommen werden können.
Die Teile des Ventils entnehmen.
● Den Stössel der Vakuumpumpe entnehmen.
● Die beiden Ösen demontieren.
● Den Öldruckschalter und die Wasseranschlüsse demontieren.
● Die Ventilschaftabdichter abziehen und die untere Federauflage herausnehmen.
Die Teile des Zylinderkopfes sind in Bild 73 gezeigt.
● Die Prüfung und Revision erfolgt in gleicher Art und Weise wie beim 1,4 l-Einspritzer.
● Der Überstand der Wirbelkammer soll 0,0 bis 0,06 mm betragen.
Der Zusammenbau erfolgt in umgekehrter Reihenfolge der Zerlegung.
Das Ventilspiel ist auf Einlass 0,30 und Auslass 0,50 mm einzustellen. Entsprechende Distanzplatten sind erhältlich. Dazu den Nocken des zu messenden Ventils senkrecht über den Tassenstössel stellen. Mit der Blattlehre das Spiel feststellen und notieren.

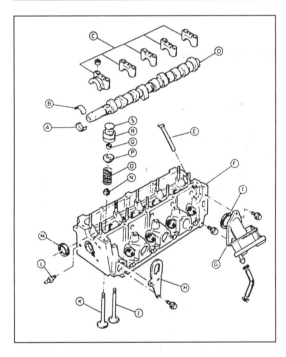

Bild 73
Teile des Zylinderkopfs
A untere Lagerschale
B oberer Lagerdeckel
C Lagerdeckel
D Nockenwelle
E Stössel Vakuumpumpe
F Zylinderkopf
G Vakuumpumpe
H Transportöse
I Auslassventil
K Einlassventil
L Wasserstutzen
M Dichtring
N Ölabschirmer
O Ventilfeder
P Ventilfederteller
Q Ventilkeile
R Tassenstössel
S Einstellscheibe
T O-Ring

Die Nockenwelle 1/8 Umdrehung drehen und mit dem Werkzeug 21-106 den Tassenstössel nach unten drücken.
Die Ventilplatte kann nun ersetzt werden.
An der Unterseite sind die Platten gekennzeichnet. Beim Ersatz der Platten nur Neuteile verwenden. Die Platten trocken auf die Stössel legen.

2.8.6 Nockenwelle

Die Nockenwelle ist auf sichtbaren Verschleiss zu prüfen.

Achtung: Die Dichtfläche der Zylinderkopfdichtung darf nicht nachgearbeitet werden.

Verschlissene, abgeplattete Nocken machen den Ersatz der Nockenwelle erforderlich.
Der Nockenhub beträgt:

	1,4 l	1,6 l	1,8 l-Diesel
Einlass	5,79	6,57	10,00 mm
Auslass	5,79	6,57	9,00 mm

Lagerzapfendurchmesser

	1,4 l/1,6 l	1,8 l-Diesel
Lager 1	44,75 mm	27,960–27,980 mm
Lager 2	45,00 mm	
Lager 3	45,25 mm	
Lager 4	45,50 mm	
Lager 5	45,75 mm	

Längsspiel der Welle

1,4 l/1,6 l	1,8 l-Diesel
0,05–0,15	0,1–0,24

Steuerzeiten in °KW

	1,4 l/1,6 l	1,8 l-Diesel
Einlass öffnet v. OT	14	6
Einlass schliesst n. UT	46	32
Auslass öffnet v. UT	49	57
Auslass schliesst n. OT	11	7
Dicke der Halteplatte	4,457–4,508 mm	

2.9 Revision des Kurbeltriebs

2.9.1 Kurbelwelle

Die Kurbelwelle ist auf sichtbaren Verschleiss zu prüfen.
Die Oberflächen-Rauhigkeit der Lagerstellen darf max. 1,5 R_t betragen. Die Haupt- und Pleuellager sind mit dem Mikrometer zu vermessen (Bild 74).
Die Hauptlager, wie Pleuellager müssen der gleichen Durchmesserklasse entsprechen. Weicht auch nur eine Lagerstelle vom Sollmass ab, müssen auch die andern auf das nächste Reparaturmass nachgeschliffen werden.
Das mittlere Hauptlager ist als Axiallager ausgebildet.
Das Axialspiel darf maximal

1100-Motor	0,08–0,29 mm
1400/1600-Motor	0,09–0,30 mm
1800 Diesel	0,09–0,37 mm

betragen.
Es sind drei Reparaturstufen vorgesehen. Ist ein Nacharbeiten der Kurbelwelle notwendig, überlässt man diese Arbeit der Spezialwerkstätte.

2.9.2 Pleuel

Die Pleuel mit den zugehörigen, alten Lagerschalen einer Sichtkontrolle unterziehen. Weisen die Lagerstellen einseitige, schwarze Druckstellen auf, besteht Verdacht auf krumme Pleuel. Sind die Grundbohrung der Lagerschale riefig und die Nasen der Lagerschalen flachgedrückt, haben sich die Schalen in den Grundbohrungen gedreht. Die Grundbohrung kann nicht nachgearbeitet werden. In einem solchen Fall ist der komplette Pleuelsatz zu ersetzen.
Die Pleuel werden vom Werk im Satz geliefert. Bezüglich Bestimmen des Lagerspiels siehe Kapitel 2.8.4 Motorblock.

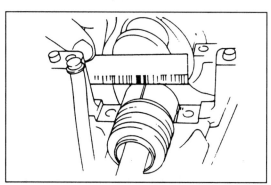

Bild 74 Lager vermessen

2.9.3 Kolben

Die Kolben tragen drei Kolbenringe. Zur Kontrolle sind die Ringe mit der Kolbenringzange zu demontieren (Bild 75).
Die Kolben von den Pleueln trennen. Die Durchmesser der Kolben betragen:

1,1 l-Motor

Standardklasse 1	68,65–68,66 mm
2	68,66–68,67 mm
3	68,67–68,68 mm
Einbauspiel	0,015–0,050

1,4 l-Einspritzer

Standardklasse 1	77,19–77,20 mm
2	77,20–77,21 mm
3	77,21–77,22 mm
4	77,22–77,23 mm

1,6 l-Einspritzer

Standardklasse 1	79,91–79,92 mm
2	79,92–79,93 mm
3	79,93–79,94 mm
4	79,94–79,95 mm
Einbauspiel	0,015–0,035 mm

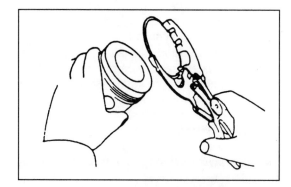

Bild 75 Kolbenringzange

1,8 l-Diesel
Standardklasse A 82,46–82,47 mm
B 82,47–82,48 mm
C 82,49–82,50 mm
D 82,51–82,52 mm
Einbauspiel 0,020–0,055 mm
Kolbenüberstand OT 0,500–0,840 mm
Die Verschleissgrenze liegt bei 0,15 mm Gesamtspiel.
Ergibt die Sichtkontrolle eine verbrannte Kolbenkrone oder starke Verschleissspuren am Kolbenhemd, sind die Kolben im Satz zu erneuern.
Beim Diesel kann der Kolbenbolzen nach Entfernen der Sprengringe ausgebaut und der Kolben abgenommen werden.
Beim 1,1- und 1,4 l-Einspritzer ist der Kolbenbolzen eingeschrumpft.
Er darf nur im Schadenfall demontiert (Presse) werden. Der Kolben ist anschliessend unbrauchbar.
Der Zusammenbau von Kolben und Pleuel soll aufgrund der erforderlichen Spezialwerkzeuge und Kompliziertheit der Spezialwerkstätte (Zylinderschleifwerk) überlassen werden.
Die Kolbenringe gemäss Bild 76 in die entsprechende Nut einführen und das Höhenspiel mit der Blattlehre feststellen.
Die Kolbenringe plan in die Bohrung einlegen. Mit der Blattlehre das Stossspiel messen.
Die zulässigen Werte finden sich im Anhang.
Wird das Stossspiel überschritten, die Messung mit einem Satz neuer Ringe wiederholen. Ist das Stossspiel auch bei dieser Messung zu gross, sind die Zylinderbohrungen ausgelaufen.
Das Nacharbeiten der Zylinderbohrung auf das nächste Reparaturmass und der Einbau der entsprechenden Kolben ist notwendig. Weisen die Ringe ein zu geringes Stossspiel auf, ist der Stoss anzupassen.
Dazu eine Doppelschlicht-Feile in den Schraubstock spannen und beide Stossflächen gleichzeitig bearbeiten.
Die Kolbenringe mit der Kolbenringzange auf die Kolben montieren. Die Bezeichnung TOP auf den Ringen muss von oben sichtbar sein. Die Kolben so auf die Pleuel montieren, dass der Pfeil auf der Kolbenkrone zur Zahnriemenseite des Motors weist.
Kolben auf Pleuel montieren – 1,1/1,4 l-Motor
Zur Montage des Kolbenbolzens den Pleuel auf 280° erhitzen. Dazu eine Elektro-Heizplatte verwenden. Die Temperatur mit Thermochrom-Stiften von Faber Castell überprüfen.
Achtung: Diese Temperatur darf nicht überschritten werden.
Den Kolben in der Vorrichtung gemäss Bild 77 plazieren. Den erhitzten Pleuel in der richtigen Einbauposition (Pfeil) zum Kolben bringen.

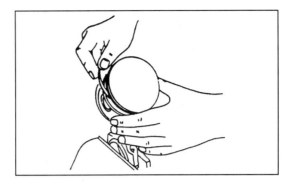

Bild 76
Höhenspiel messen

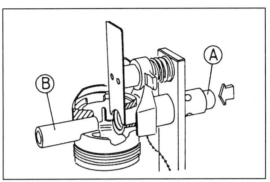

Bild 77
Kolben auf Vorrichtung plazieren
A Führungsbolzen
B Kolbenbolzen

Den Kolbenbolzen auf die Zentriervorrichtung stecken und in einem Zug in Kolben und Pleuel bis zum Anschlag einschieben.
Der Bolzen ist vorgängig mit Motorenöl zu schmieren.
Ist wenig Übung in dieser Arbeit vorhanden und fehlt das notwendige Spezialwerkzeug, übergibt man diese Arbeit dem Zylinderschleifwerk.
Ein nicht vollständig eingeschobener Bolzen könnte nur auf der Presse in die richtige Position gebracht werden. Dies zerstört aber den Kolben.
Nach der Montage muss sich der Kolben leicht auf dem Pleuel bewegen lassen.

2.9.4 Motorblock

Die Grundbohrungen der Hauptlager auf Fressspuren untersuchen. Sind solche vorhanden, haben sich die Lagerschalen gedreht und der Block muss ersetzt werden.
Die Grundbohrungen der Hauptlager können nicht nachgearbeitet werden. Die Zylinderbohrungen sind nach dem Messschema in Bild 78 zu vermessen.
Die Ovalität und die Konizität darf in einer Ebene 0,013 mm betragen.
Die Oberflächen-Rauhigkeit der Bohrung soll 3 bis 4 R_t betragen.
Die Kolben sind mit einem Spiel gemäss Kapitel Kolben einzupassen.
Die Hauptlagerschalen sind gemäss der Durchmesserklasse der Kurbelwelle auszuwählen.
Die Lagerschalen trocken in die Grundbohrungen einlegen. Dabei auf absolute Sauberkeit

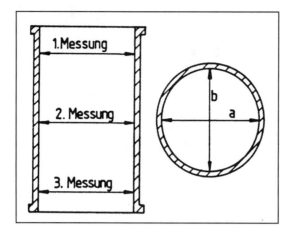

Bild 78
Messschema

achten. Die Kurbelwelle in die Lagerstellen einlegen, ohne sie zu drehen. Mit Plasti-Gage-Streifen das Lagerspiel bestimmen.

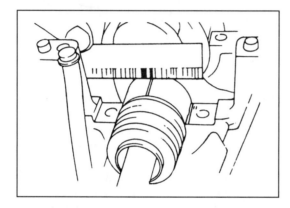

Bild 79
Lager vermessen

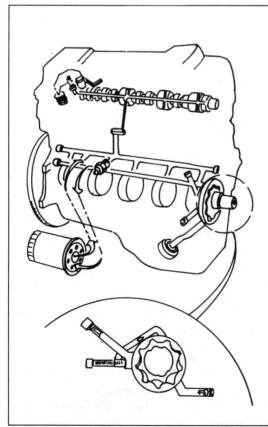

Bild 80
Ölkreislauf 1,4 I-Motor

Dazu auf jeden Lagerzapfen ein Stück Plasti-Gage in axialer Richtung auflegen. Die Lagerdeckel auflegen und die alten Lagerschrauben eindrehen und folgendermassen festziehen:
1,1 I-Motor: 88–102 Nm
1,4/1,6 I-Motor: 90–100 Nm
Motor 1,8 I-Diesel
1. Stufe 24–30 Nm
2. Stufe 45° Drehwinkel
Achtung: Die Kurbelwelle darf nicht gedreht werden. Das Messergebnis würde verfälscht.
Die Lagerdeckel wieder demontieren und die Plasti-Gage-Streifen nach Bild 79 vermessen.

Wenn das Laufspiel in Ordnung ist, muss es folgenden Wert haben:
1,1 I-Motor: 0,009–0,046 mm
1,4 I-Motor: 0,011–0,058 mm
1,8 I-Diesel: 0,015–0,062 mm
Die Kurbelwelle mit Öl montieren.
Dazu neue Lagerschrauben verwenden.
Auf leichtes Drehen der Welle achten. Werden Klemmer festgestellt, ein Lager nach dem andern lösen, bis das fehlerhafte gefunden ist. Der Ursache für das Klemmen unbedingt nachgehen und den Fehler beseitigen.
Wird trotz einwandfreiem Lagerspiel kein leichter Lauf erzielt, besteht Verdacht auf ein verzogenes Bauteil. In diesem Fall eine Spezialwerkstätte mit den entsprechenden Messmitteln beziehen.

2.9.5 Schwungrad

Das Schwungrad trägt die Kupplung. Eine Reibfläche der Kupplung liegt auf dem Schwungrad. Diese Reibfläche ist auf Verschleiss und Brandstellen zu prüfen. Die Reibfläche darf maximal 1,0 mm nachgearbeitet werden.
Der aufgeschrumpfte Zahnkranz für den Anlasser ist auf Beschädigung zu kontrollieren. Werden abgebrochene Zähne oder starker Verschleiss festgestellt, muss der Zahnkranz ersetzt werden.
Mit einem Stahldurchschlag (ca 25 mm Durchmesser) den alten Kranz vom Schwungrad abtreiben.
Den neuen Zahnkranz auf 180 bis 230°C erhitzen.
Dazu ein Heissluftgebläse verwenden.
Die richtige Temperatur erkennt man am Grauwerden des Metalls. Den Sitz des Kranzes auf dem Schwungrad reinigen und den erhitzten Zahnkranz in einem Zug auflegen.
Dabei ist auf die richtige Lage der Anschrägung der Zähne zu achten.
Sie muss zum Anlasserzahnritzel weisen.

2.10 Schmiersystem

Das Schmiersystem versorgt den Motor mit dem zum Betrieb notwendigen Öl. Die Ölpumpe an der Stirnseite des Motors fördert das Öl aus der Ölwanne über den Hauptstrom-Ölfilter zu den Lagerstellen. Ein Überdruckventil begrenzt den Höchstdruck im System. Das Öl fördert ebenfalls Motorwärme in die Ölwanne, wo es durch den Fahrtwind gekühlt wird.
Bild 80 zeigt den Ölkreislauf des 1,4 l-Motors.

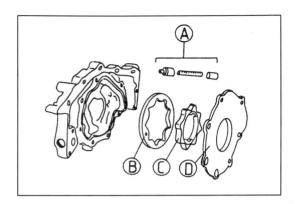

Bild 81
Teile der Ölpumpe
1,4 l-Motor
A Überdruckventil
B Rad-getrieben
C Rad-treibend
D Abschlussplatte

2.10.1 Ölpumpe

Prüfen der Ölpumpe
Die Pumpe in die Einzelteile zerlegen und fettfrei reinigen.
Alle Teile auf sichtbaren Verschleiss prüfen. Wird sichtbarer Verschleiss vorgefunden, die komplette Pumpe inkl. Stirndeckel ersetzen.
Die Teile müssen folgende Spiele aufweisen:
1,1 l/1,8 l-Motor
Keine Revision vorgesehen.
Nur sichtbaren Verschleiss beurteilen.
1,4 l/1,6 l-Motor
Spiel Aussenrotor – Gehäuse 0,14–0,26 mm
Spiel Innenrotor –
Aussenrotor   0,051–0,127 mm
Axialspiel Rotor –
Dichtfläche   0,025–0,06 mm
Die Spiele mit der Blattlehre prüfen.
Werden die Spiele überschritten, die Pumpe komplett ersetzen.
Die Teile der Ölpumpe des 1,4 l-Motors sind aus Bild 81 ersichtlich.

2.10.2 Ölfilter

Der Ölfilter sitzt beim 1,1/1,4/1,6 l-Einspritzer seitlich am Motorblock. Beim Diesel ist er an einem seitlichen Support am Block angeschraubt.
Die Filter sind als Patronen ausgebildet und besitzen ein internes By-Pass-Ventil, welches bei vollständig verschmutztem Filter trotzdem Öl zu den Lagerstellen gelangen lässt.
Beim Ersatz des Filters muss genau der gleiche Typ eingebaut werden. Er darf nur von Hand festgezogen werden. Die Gummidichtung ist vorgängig einzuölen.
Die Anzugsvorschriften auf dem Filtermantel beachten.

2.11 Ventilsteuerung

2.11.1 1,1 l-Motor

Beim 1,1 l-Motor ist die Nockenwelle zur Steuerung der Ventile im Motorblock untergebracht. Sie wird durch eine Rollenkette mit Spanner angetrieben. Zur Einstellung der Drehlage zur Kurbelwelle befinden sich Markierungen auf den Kettenrädern. Diese Marken müssen bei OT 1. Zylinder fluchten.
Die Nockenwelle bewegt über Stössel im Block,

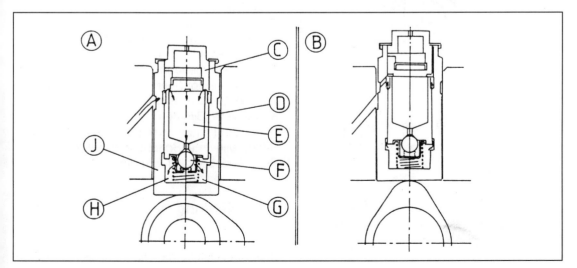

Bild 82
Hydrostössel
A Stössel bei geschlossenem Ventil
B Stössel bei geöffnetem Ventil
C Stösselkolben
D Stösselzylinder
E Vorratsraum
F Rückschlagventil
G Stösselfeder
H Druckkammer
I Stösselgehäuse

Bild 83
Einstellmarke Nockenwelle

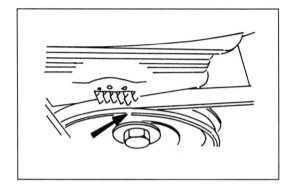

Bild 84
Einstellmarke Kurbelwelle

Stösselstangen und Kipphebel die Ventile im Zylinderkopf.
Die Stössel sind von unten in den Motorblock eingesetzt und können nur zur Ölwanne hin ausgebaut werden.

2.11.2 1,6/1,4 l-Einspritzer

Die Ventile werden von der Nockenwelle über Hydrostössel und Kipphebel bewegt. Ein Einstellen der Ventile entfällt, da die Hydrostössel das Spiel stets bei 0 halten (Bild 82).
Die Stössel sind immer in der Einbaulage, auf der Lauffläche stehend zu lagern, ansonsten sie unbrauchbar werden. Die Nockenwelle ist über den Zahnriemen formschlüssig mit der Kurbelwelle verbunden.
Die Nockenwelle muss sich zur Kurbelwelle stets in einer genau definierten Drehlage befinden. Die Grundeinstellung wird bei der Montage durch Bezugsmarken für OT 1. Zylinder bezeichnet (Bilder 83 und 84).
Der Zahnriemen muss eine bestimmte Spannung aufweisen. Diese wird durch die Spannrolle an der Motorstirnseite eingestellt (Bild 85).
Zur Messung der Spannung das Messgerät 21-113 benutzen.
Die Ventilsteuerzeiten sind aus dem Kapitel Nockenwelle ersichtlich.

2.11.3 1,8 l-Diesel

Die Nockenwelle betätigt die Ventile über Tassenstössel. Zur Einstellung des Ventilspiels befinden sich in den Tassen Einstellscheiben. Es stehen Scheiben in der Dicke von 3,00 bis 4,75 mm zur Verfügung. Die Abstufung beträgt 0,05 mm. Die Scheiben sind an der Unterseite mit der Dicke bezeichnet.
Das Spiel muss bei kaltem Motor folgende Werte aufweisen:
Einlass 0,35 mm
Auslass 0,50 mm ± 0,05 mm
Die Nockenwelle ist mit der Kurbelwelle formschlüssig verbunden. Die Einstellung der Nockenwelle erfolgt über die Nut am Wellenende und die Einstellmarken am Zahnriemenrad der Kurbelwelle (Bild 86).
Der Zahnriemen wird durch eine gefederte Spannrolle unter Spannung gehalten.
Beachte das Kapitel Zusammenbau des Motors.

2.12 Kühlung

Das Kühlsystem hat die Aufgabe, die über-

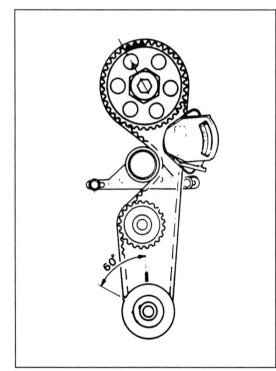

Bild 85
Zahnriemenspannung erstellen

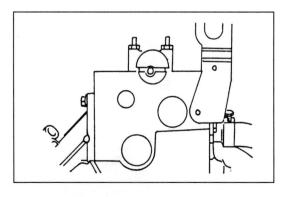

Bild 86
Einstellnut an der Nockenwelle

schüssige Wärme des Motors an die Umgebungsluft abzuführen. Ein Teil der Verbrennungsenergie des Motors fällt in Form von Wärme an. Diese Wärme würde den Motor innert kürzester Zeit so stark erhitzen, dass er nicht mehr funktionsfähig wäre.

Ein Teil dieser Wärme wird zum Beheizen des Innenraums verwendet. Durch geeignete Anordnung der Kühlmittel-Leitungen, der Wärmetauscher (Kühler) und des Thermostaten wird eine kurze Anwärmzeit des Systems erreicht.

Der Thermostat bewirkt im kalten Zustand eine Zirkulation des Kühlmittels im Motor und Wärmetauscher der Innenraumheizung. Ab einer bestimmten Temperatur schaltet der Thermostat den Kühler an der Wagenfront an. Steigt die Kühlmittel-Temperatur weiter an, schaltet sich der Lüfterflügel über den Thermoschalter im Kühler zu und fördert zusätzlich Luft durch den Kühler (Bilder 87 und 88).

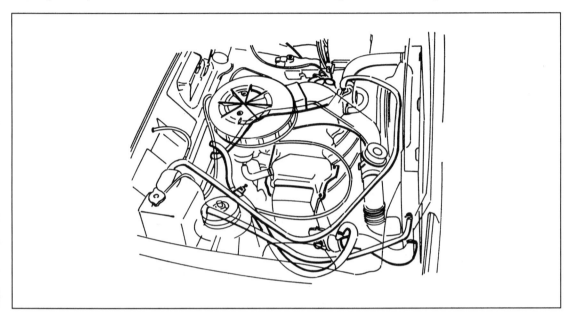

Bild 87
Kühlmittelkreislauf
1,4 l-Motor

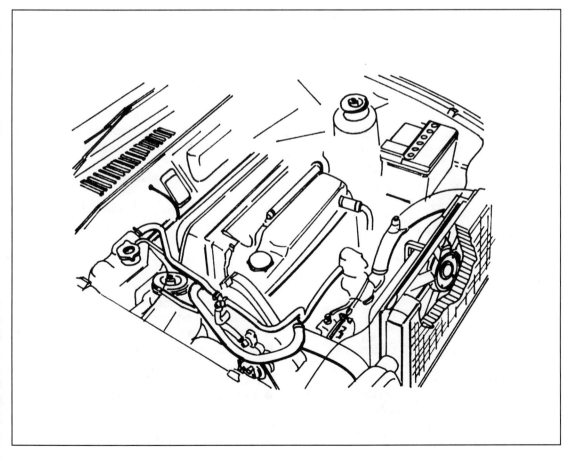

Bild 88
Kühlmittelkreislauf
1,8 l Diesel

2.12.1 Wasserpumpe

Die Wasserpumpe sitzt vorne an der Stirnseite des Motorblocks.
Der Keilriemen an der Stirnseite des Motors treibt die Pumpe zusammen mit dem Lüfterflügel beim 1,1 l-Motor an.
Beim 1,4/1,6 l Einspritzer wird sie durch den Zahnriemen angetrieben, beim Diesel durch den Keilriemen des Alternators.

Aus- und Einbau der Wasserpumpe:
1,1 l-Motor
● Den Minuspol der Batterie abklemmen.
● Den Verschlussdeckel des Ausgleichsgefässes abnehmen.
● Das Kühlmittel durch die Ablassschraube am Kühler in eine Wanne ablassen.
● Die Befestigungsschrauben der Keilriemenscheibe auf der Wasserpumpe lösen.
● Die Spannschiene des Alternators lösen und den Keilriemen entspannen und abnehmen.
● Das Keilriemenpoulie der Pumpe abnehmen.

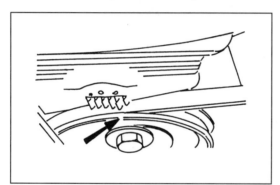

Bild 89
OT 1. Zylinder

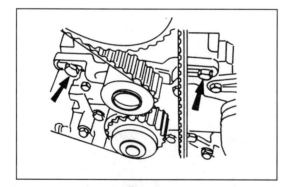

Bild 90/91
Spanner lösen

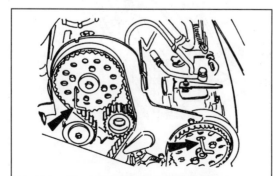

Bild 92
OT-Stellung des 1,8 l Diesel-Motors

● Den Kühlmittelschlauch von der Pumpe abbauen.
● Die Pumpe abschrauben und abnehmen.
Einbau:
● Die Dichtflächen sorgfältig reinigen.
● Den Kühlmittelschlauch auf den Pumpenstutzen stecken.
● Die Pumpe mit neuer Dichtung anbauen. Die Schrauben mit dem vorgeschriebenen Drehmoment festziehen.
● Den Schlauch ausrichten und die Bride festziehen.
● Die Keilriemenscheibe auf die Pumpe montieren.
● Den Keilriemen auflegen und so spannen, dass das lange Trumm unter Daumendruck 8 mm durchfedert.
● Das Kühlsystem über das Ausgleichsgefäss füllen.
● Die Batterie anschliessen.
● Den Motor warmlaufen lassen. Darauf achten, ob der obere Kühlmittelschlauch warm wird und der Lüfter einschaltet. Wenn erforderlich, das Niveau im Ausgleichsgefäss in kaltem Zustand auf die MAX-Marke ergänzen.
1,4/1,6 l-Einspritzer
● Die Batterie abklemmen (Minuspol).
● Am unteren Kühleranschluss das Kühlmittel in eine Wanne ablassen. Es kann wieder verwendet werden, wenn es nicht älter als 2 Jahre und nicht verschmutzt ist.
● Den Keilriemen demontieren.
● Den Motor auf OT-1. Zylinder drehen (Bild 89).
● Die Zahnriemenabdeckung abbauen.
● Den 5. Gang einlegen und die Handbremse festziehen.
● Den Zahnriemenspanner lösen und den Zahnriemen abnehmen (Bild 90/91).
● Den unteren Wasserpumpen-Anschluss lösen.
● Den Heizungsschlauch von der Pumpe abnehmen.
● Den Zahnriemenspanner abnehmen.
● Die Wasserpumpe abschrauben und entnehmen.

Einbau
● Die Dichtungsreste vom Block entfernen.
● Die Wasserpumpe mit neuer Dichtung aufsetzen und die Schrauben mit dem vorgeschriebenen Drehmoment festziehen.
● Den Zahnriemenspanner lose montieren.
● Die OT-Stellung von Kurbel- und Nockenwelle prüfen.
● Den Zahnriemen so auflegen, dass das Zugtrumm straff liegt.
● Die Zahnriemenspannung erstellen. Siehe Kapitel Zusammenbau des Motors.

- Die Zahnriemenabdeckung montieren.
- Den Keilriemen auflegen und spannen.
Das längere Trumm soll sich unter Daumendruck 8 mm durchdrücken lassen.
- Die Kühlmittelschläuche montieren.
- Das Kühlsystem über das Ausgleichsgefäss bis zur Marke Max. auffüllen.
- Die Batterie anklemmen und den Motor bis zum Erreichen der Betriebstemperatur warmlaufen lassen.
Der obere Kühlmittelschlauch des Kühlers muss warm werden.
Das Niveau im Ausgleichsbehälter ergänzen.

1,8 l-Diesel
- Die Batterie abklemmen.
- Das Kühlmittel ablassen, siehe vorstehenden Abschnitt.
- Den Ansauggeräuschdämpfer ausbauen.
- Die Zahnriemenabdeckung demontieren.
- Das Fahrzeug anheben und das Seitenspritzschild abbauen.
- Die untere Zahnriemenabdeckung demontieren.
- Das Spritzschild des Alternators ausbauen.
- Den Keilriemen des Alternators entspannen und abnehmen.
- Den Verschlusszapfen des OT-Stifts entfernen.
- Das Fahrzeug absenken.
- Den Motor in OT-Stellung 1. Zylinder drehen (Bild 92).
- Den Motor entgegen der Laufrichtung drehen, bis die Einspritzpumpe um 15° gedreht ist.
- Den OT-Stift in den Block eindrehen.
- Den Motor in Laufrichtung drehen, bis er am Stift ansteht.
- Den Zahnriemenspanner Antrieb Nockenwelle lösen, den Spanner zurückdrücken und wieder festziehen.
- Das Zwischenrad des Zahnriementriebs demontieren (Bild 93).
- Den Zahnriemen abnehmen.
- Die innere Abdeckung des Zahnriemens demontieren (Bild 94).
- Den Spanner vorsichtig lösen und abnehmen.
- Den Abstandsbolzen der Wasserpumpe demontieren.
- Den Kühlmittelschlauch der Pumpe abbauen.
- Die Pumpe demontieren und abnehmen.

Einbau
Alle Dichtflächen reinigen
- Die Pumpe mit einer neuen Dichtung montieren.
- Die Kühlmittelschläuche anbringen.
Die weisse Farblinie muss mit der Gussmarke am Stutzen übereinstimmen.

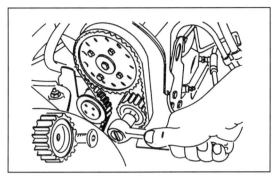

Bild 93
Zwischenrad ausbauen

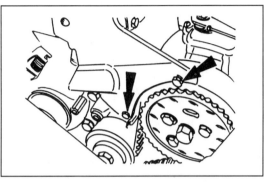

Bild 94
Innere Abdeckung ausbauen

- Den Distanzbolzen an der Pumpe anbringen.
Den Bolzen mit Loctite 242 einsetzen.
- Die innere Zahnriemenabdeckung anbringen, die Schrauben vorerst lose eindrehen.
- Den Zahnriemenspanner einbauen und vollständig zurückdrücken und festklemmen.
- Die OT-Stellung des Motors prüfen.
- Das Nockenwellenrad lösen.
- Die Einstellstifte der Nockenwelle und Einspritzpumpe einsetzen.
- Das Zwischenrad montieren.
- Den Zahnriemen so auflegen, dass das Zugtrumm straff liegt und die Schlitze am Nockenwellenrad ausgemittet sind.
- Die Klemmschraube des Spanners lösen und den Spanner gegen den Riemen gleiten lassen.
- Den Spanner wieder festziehen.
- Das Nockenwellenrad festziehen.
- Die Einstellstifte entfernen.
- Die Zahnriemenspannung wie folgt einstellen:
Den Motor zwei Umdrehungen in Drehrichtung drehen.
Den Motor zurückdrehen, bis die Einspritzpumpe 15° verdreht ist.
Die Befestigungsschrauben des Nockenwellenrads lösen.
Den Spanner lösen und das Spiel des Zahnriemens beseitigen.
Den Spanner mit 50 Nm festziehen.
Den OT-Stift in den Block einsetzen und OT Motor erstellen.
Die Einstellstifte der Nockenwelle und Einspritzpumpe einsetzen und korrekte Lage überprüfen.
Das Nockenwellenrad festziehen.

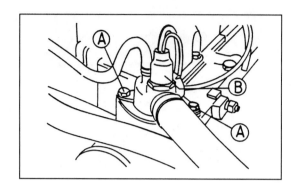

Bild 95
Thermostatgehäuse
A Schraube
B Thermoschalter

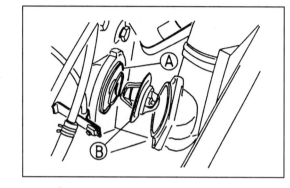

Bild 96
Thermostat Diesel
A O-Dichtring
B Thermostat

Bild 97
Thermostat prüfen

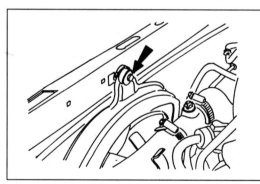

Bild 98
Luftführung ausbauen

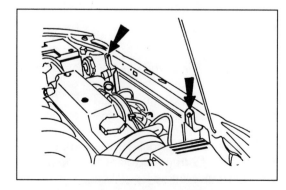

Bild 99
Kühler ausbauen

● Die Zahnriemenabdeckung montieren.
● Den Ansauggeräuschdämpfer einbauen.
● Das Fahrzeug anheben.
● Die untere Zahnriemenabdeckung festziehen.
● Den Keilriemen des Alternators auflegen und spannen.
Das Zugtrumm soll sich unter Daumendruck ca. 4 mm durchdrücken lassen.
● Den Spritzschutz des Alternators montieren.
● Das Fahrzeug absenken.
● Das System mit Kühlflüssigkeit beim Ausgleichsbehälter befüllen (Max. Marke).
Um die Luft entweichen zu lassen, die Entlüfterschraube des oberen Schlauchs öffnen.
● Die Batterie anschliessen und den Motor bis zur Betriebstemperatur warmlaufen lassen.
Der obere Kühlerschlauch muss warm werden.
● Das Niveau im Ausgleichsbehälter ergänzen.

2.12.2 Thermostat

Der Thermostat sitzt im Auslass-Stutzen des Zylinderkopfs. Er regelt den Kühlmitteldurchfluss durch den Kühler. Dadurch ist ein schnelles Warmwerden des Systems möglich.

Ausbau
● Die Batterie abklemmen (Minuspol).
● Das Kühlmittel teilweise ablassen.
● Die Kühlmittelschläuche vom Thermostatgehäuse abbauen (Bild 95).
● Den Thermoschalter abklemmen.
● Den Deckel abschrauben und den Thermostat entnehmen (Bild 96).

Prüfen des Thermostats
● Den Thermostat in ein Gefäss mit Wasser hängen.
● Das Wasser erhitzen und mittels Thermometer die Temperatur überwachen.
● Bei einer Temperatur von 85 bis 89°C muss der Öffnungsbeginn sein.
Bei 98°C/102°C-Diesel muss der Thermostat vollständig geöffnet sein (Bild 97).

Ein Thermostat kann nicht repariert werden, er muss im Schadenfall ersetzt werden.

Einbau
● Der Einbau erfolgt in umgekehrter Reihenfolge des Ausbaus.
Dabei neue Dichtungen verwenden und die Anzugsmomente einhalten.
● Das Kühlsystem befüllen (Ausgleichsgefäss) und den Motor bis zur Betriebstemperatur warmlaufen lassen.
Der obere Kühlmittelschlauch muss warm werden.

2.12.3 Kühler

Der Kühler ist an der Wagenfront montiert. An seiner Rückseite ist der Elektrolüfter montiert. Der Thermoschalter im Deckel des Thermostaten steuert den Elektrolüfter abhängig der Kühlmitteltemperatur.

Aus- und Einbau des Kühlers:
- Die Batterie abklemmen (Minuspol).
- Den Mehrfachstecker vom Lüftermotor abziehen.
- Die Kabel von der Luftführung abnehmen.
- Die Luftführung demontieren (Bild 98).
- Das Kühlmittel am unteren Schlauch in eine Wanne ablassen.
- Die Kühlmittelschläuche abbauen.
- Die zwei Befestigungsschrauben des Kühlers lösen und den Kühler entnehmen (Bilder 99 und 100).

Undichte Kühlelemente nicht reparieren, sondern durch ein Neuteil ersetzen.
Der Einbau erfolgt in umgekehrter Reihenfolge des Ausbaus.
Das Kühlsystem am Ausgleichsgefäss befüllen.
Von Zeit zu Zeit den Kühler mit Pressluft entgegen der Fahrtrichtung ausblasen, um Insekten und Schmutz zu entfernen.

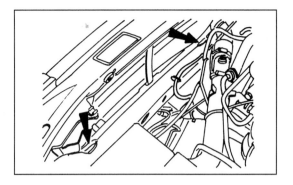

Bild 100
Lage der unteren Befestigung

2.12.4 Kühlflüssigkeit

Die Kühlflüssigkeit transportiert die Motorwärme zum Wärmetauscher (Kühler-Heizelement).
Die Flüssigkeit muss frostsicher und nicht korrosiv sein.
Als Kühlmittel empfiehlt sich die Original-Dauerflüssigkeit von Ford oder von Castrol.
Beide Flüssigkeiten sind bis −30°C frostsicher und können ganzjährig verwendet werden.

Das Kühlsystem hat folgenden Inhalt:

1,1 l-Motor	7,1 l
1,4 l-Einspritzer	7,6 l
1,6 l-Einspritzer	7,8 l
1,8 l-Diesel	9,3 l

3 Gemischaufbereitung

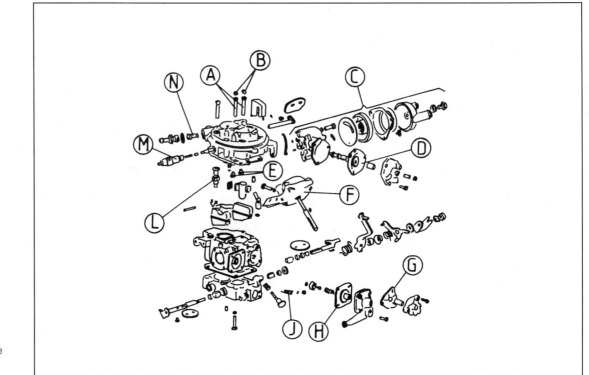

Bild 101
Weber 2V Vergaser
A Leerlaufabschaltventil
B Mischrohr
C Luftkorrekturdüse
D Choke-Vorrichtung
F Schwimmernadelventil
G Schwimmer
H Einstellschraube-Drehzahlanhebung
J Leerlaufeinstellschraube
K Gemischeinstellschraube
L Drosselklappe
M Vollast-Anreicherungssystem
N Beschleunigungspumpe
P Unterdruckdose Drosselklappe
Q Dichtung
R Hauptdüse

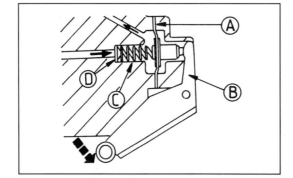

Bild 102
Beschleunigungspumpe
A Membrane
B Hebel
C Druckfeder
D Einwegventil

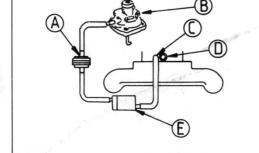

Bild 103
Schema Verzögerungseinheit
A Unterdruck-Halteventil
B Unterdruckdose
C Unterdruckanschluss
D Gemischregulierschraube
E Kraftstoffabscheider

3.1 Vergaser 1,1 l

Vergasermotor:
Der Motor ist mit einem WEBER 2V-Vergaser ausgerüstet (Bild 101). Er besitzt eine mechanische Beschleunigungspumpe und eine unterdruckbetätigte Vollastanreicherung.

Beschleunigungspumpe
Die Beschleunigungspumpe versorgt den Motor bei plötzlichem Unterdruckzusammenbruch (Beschleunigung) mit zusätzlichem Treibstoff. Der Aufbau der Pumpe ist in Bild 102 dargestellt.

Unterdruckdose Drosselklappe
Schaltgetriebe
Die Vorrichtung verzögert das Schliessen der Drosselklappe beim Gaswegnehmen. Dadurch wird der Motor mit zusätzlichem Gemisch versorgt. Der Verbrennungsvorgang im Motor wird weiter erhalten und somit werden die Schadstoffe vermindert (Bild 103).

Die Vorrichtung wird durch den Unterdruck im Saugrohr über ein Unterdruck-Halteventil bewirkt.
Wird Gas weggenommen, hält das Ventil den Unterdruck im System für eine gewisse Zeit aufrecht und die Drosselklappe wird offen gehalten. Nach einer bestimmten Zeit hat sich der Unterdruck abgebaut und der normale Leerlauf stellt sich ein.

Automat
Bei Automatikmodellen wirkt die Vorrichtung in den Getriebestufen R/D/L als Leerlaufdrehzahl-Kompensator (Bild 104).

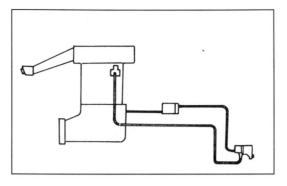

Bild 104
Schema Unterdruckvorrichtung Automat

Handchoke
Die Vorrichtung schliesst die Starterklappe im Einlaufstutzen des Motors. Dadurch kann im Vergaser der Unterdruck angehoben werden und damit mehr Treibstoff dem Motor zugeführt werden.

Die Stellung der Starterklappe wird durch eine Unterdruckdose in einem bestimmten Bereich geregelt.
Sobald der Motor nach dem Startvorgang dreht, öffnet der anliegende Unterdruck im Saugrohr die Klappe einen fest eingestellten Betrag (Bild 105).

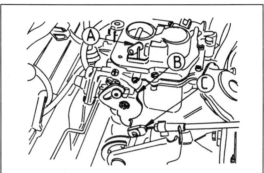

Bild 105
Choke
A Gestänge
B Mitnehmer Drehzahlerhöhung
C Chokezug

Einstellung Leerlauf:
Den Motor warmlaufen lassen, bis der Elektrolüfter einschaltet.
Die Schaltung des Lüfters so ändern, dass er ständig läuft.
Dazu den Stecker vom Thermoschalter abziehen und die beiden Pole am Stecker mit einem Kabel verbinden (Bild 106).
Den Drehzahlmesser und das CO-Messgerät gemäss den Hersteller-Vorschriften anschliessen.
Die Unterdruckleitung der Drehzahlanhebung abziehen.
Den Motor ca. 30 Sekunden mit 3000 U/min drehen lassen.
Nachdem sich die Leerlaufdrehzahl stabilisiert hat, den CO-Wert und die Leerlaufdrehzahl feststellen.
Werden vom Sollwert abweichende Werte festgestellt, die Plombe von der Gemischregulierschraube abnehmen. Dazu den Luftfilter abbauen. Unterdruckleitung noch angeschlossen.
Den Luftfilter anschliessend wieder aufsetzen.
Die Kurbelgehäuseentlüftung muss angeschlossen sein.
Beide Schrauben so verdrehen, dass beide Werte gleichzeitig eingehalten sind (Bild 107).
Abschliessend eine neue Plombe auf die Regulierschraube aufsetzen.

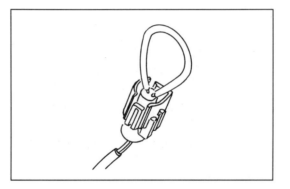

Bild 106
Thermoschalter überbrücken

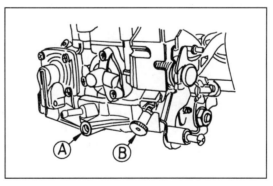

Bild 107
Einstellschrauben am Vergaser
A Gemischregulierschrauben
B Leerlaufdrehzahlschraube

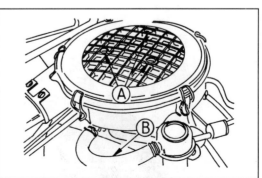

Bild 108
Luftfilter
A Befestigungsschrauben
B Entlüftungsschlauch

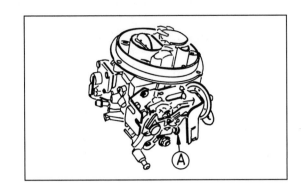

Bild 109
Schnelleerlaufschraube
A Einstellschraube

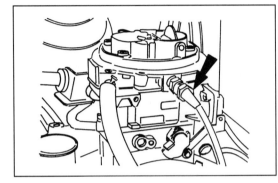

Bild 110
Leerlaufabschaltventil

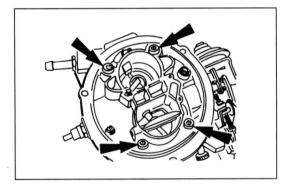

Bild 111
Vergaser-Befestigung

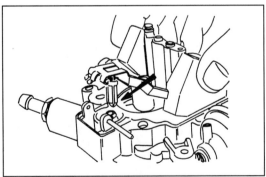

Bild 112
Schwimmer demontieren

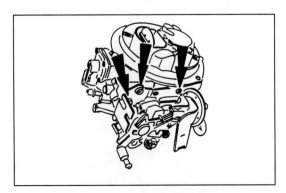

Bild 113
Choke abbauen

Drehzahlanhebung Choke einstellen:
Den Motor warmlaufen lassen, bis der Lüfter einschaltet.
Den Thermoschalter des Elektrolüfters wie beschrieben überbrücken.
Den Drehzahlmesser und das CO-Prüfgerät anschliessen.
Die Leerlaufdrehzahl-Stabilisation abwarten und Drehzahl und CO-Wert überprüfen. Wenn erforderlich, korrigieren.
Den Luftschlauch vom Luftfilter abziehen (Bild 108). Den Mehrfachstecker der Ansauglufttemperatursonde abziehen.
Das Abschaltventil abklemmen.
Den Luftfilter demontieren.
Den Chokezug vollständig herausziehen, die Starterklappe vollständig geöffnet halten. Den Motor starten und die Drehzahl ablesen.
Die Drehzahl, falls erforderlich an der Schraube (A) in Bild 109 regulieren.

Den Luftfilter anbauen.
Alle Schlauch- und Elektroverbindungen wieder erstellen.

Vergaser aus- und einbauen:
Den Minuspol der Batterie abklemmen.
Den Luftfilter abbauen.
Die Kraftstoffsperre abklemmen.
Den Chokezug demontieren.
Das Drosselklappengestänge demontieren.
Die Kraftstoffleitungen abbauen.
Die Unterdruckleitungen markieren und abziehen.
Das Leerlauf-Abschaltventil abklemmen (Bild 110).
Die vier Torx-Schrauben lösen und den Vergaser abnehmen (Bild 111).

Der Einbau erfolgt in umgekehrter Reihenfolge des Ausbaus.
Die Dichtfläche ist sorgfältig zu reinigen und eine neue Dichtung einzusetzen.
Beim Anbau des Chokezugs ist auf vollständige Öffnung der Starterklappe zu achten. Gleichzeitig muss der Zug vollständig eingeschoben werden können.

Den Vergaser zerlegen:
Den Vergaser aussen reinigen.
Das Vergaseroberteil durch Lösen der zwei Schrauben abnehmen.
Oberteil zerlegen:
Die Achse des Schwimmers sorgfältig austreiben und Nadel mit Schwimmer entnehmen (Bild 112).
Das Nadelventil ausschrauben. Auf die Dichtung achten. Beim Zusammenbau muss eine gleich starke verwendet werden.

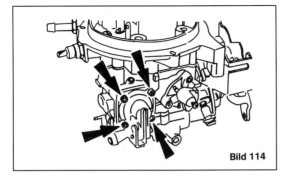

Bild 114

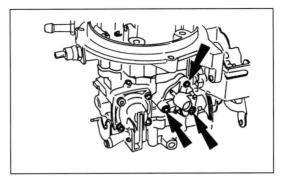

Bild 114 ◄
Beschleunigerpumpe abschrauben

Bild 115
Vollastanreicherung

Das Abschaltventil abschrauben.
Beide Luftkorrekturdüsen demontieren.
Den Choke-Mechanismus als Einheit abschrauben (Bild 113).
Die Mischrohre entnehmen.
Sich beim Ausbau der Düsen für den späteren Zusammenbau den Einbauort merken.

Unterteil zerlegen:
Das Spritzrohr der Beschleunigerpumpe sorgfältig herausziehen.
Die Beschleunigerpumpe abschrauben und die Teile entnehmen (Bild 114).
Die Vollastanreicherung abschrauben (Bild 115). Die Membrane abnehmen.
Wo vorhanden, die Leerlaufanhebung demontieren (Bild 116).

Reinigung:
Zur Reinigung Kraftstoff verwenden. Pressluft

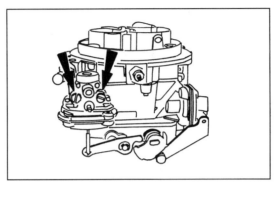

Bild 116
Leerlaufanhebung

sorgfältig anwenden. Durch unsachgemässes Verwenden können Membrane und Ventile zerstört werden.
Düsen dürfen nur mit Pressluft gereinigt werden.
Die Bohrungen sind kalibriert und der Durchlass ist für die Funktion des Vergasers entscheidend.
Der Zusammenbau erfolgt in umgekehrter Reihenfolge.

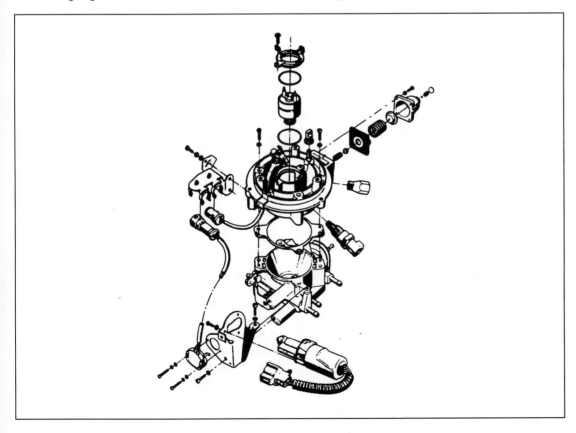

Bild 117
Teile der Einspritzung

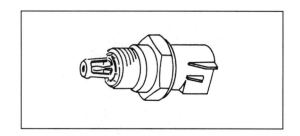

Bild 118
Thermofühler (ACT)

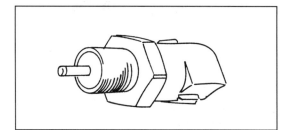

Bild 119
Thermofühler-Wasser

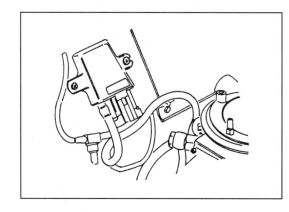

Bild 120
Ansaugrohrdruck-Fühler (MAP)

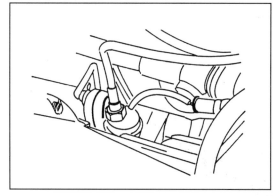

Bild 121
Geschwindigkeits-Sensor

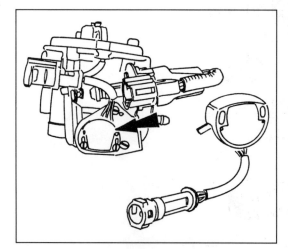

Bild 122
Drosselkappenpoti

Folgende Grundeinstellungen sind dabei vorzunehmen:
- Gemischregulierschraube leicht auf den Sitz drehen und drei Umgänge herausdrehen.
- Das Schwimmerniveau ausmessen und einstellen.

Dazu das Oberteil mit montiertem Schwimmer senkrecht halten.
An der Zunge B den Abstand A von 29,0 ± 1,0 mm einstellen (Bild 117).
Die Einstellung mit montierter Dichtung vornehmen.
Beim Einbau der Membrane auf deren glatte Lage achten.

3.2 CFI-System 1,1 l

Siehe Kapitel 3.3 1,4/1,6 l-Motor.

3.3 EEC IV Steuerung 1,4/1,6 i

Die Rollenzellenpumpe beim Tank fördert den Treibstoff vom Tank über den Kraftstoffilter zur «CFI-Einspritzeinheit».
Die Pumpe fördert 120 l Treibstoff pro Stunde mit einem Druck von 2,5 bar.
In der CFI-Einheit wird der Druck durch ein Reduzierventil auf 1 bar reduziert.
Der überschüssige Treibstoff wird zum Tank zurückgeleitet. In der Rollenzellenpumpe ist ein Rückschlagventil eingebaut. Dadurch wird bei Stillstand des Motors der Druck im System aufrechterhalten.

Die Lufttemperatur wird durch den Thermofühler in der CFI-Einheit gemessen (Bild 118).

Der Fühler ändert seinen Widerstand abhängig der Lufttemperatur. Im Kühlmittelkreislauf ist der Fühler für die Motortemperatur eingebaut (Bild 119).

Die beheizte Lambda-Sonde misst die Abgaszusammensetzung im Auspuffrohr und liefert der Elektronik entsprechende Signale. Am Ansaugkrümmer ist der Drucksensor für den Ansaugrohrdruck angebracht. Er ist über einen Schlauch mit dem Krümmer verbunden (Bild 120).
Für die Steuerung ist auch die Fahrtgeschwindigkeit wichtig.
Der entsprechende Geber ist am Getriebe eingebaut (Bild 121).

Die jeweilige Stellung der Drosselklappe in der CFI-Einheit wird durch das Drosselklappen-Poti (TPS) festgestellt.
Zur Regelung der Leerlaufdrehzahl wird der Drosselklappenanschlag durch einen Stellmotor verstellt (Bild 123).

Das Bild 124 zeigt einen Schnitt durch das Ventil.

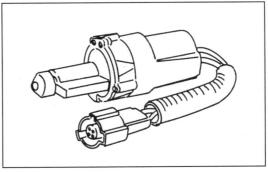

Bild 123
Stellmotor Drosselklappe

3.3.1 Sensor Kühlmitteltemperatur aus- und einbauen (Bild 125)

● Die Batterie abklemmen (Minuspol).
● Das Kühlmittel in eine Wanne ablassen.
● Den Mehrfachstecker vom Sensor abziehen.
● Den Sensor aus- und einbauen.
Dabei den Sensor sorgfältig festziehen und den Stecker so aufstecken, dass die Verriegelungen einrasten.

Der restliche Zusammenbau erfolgt in umgekehrter Reihenfolge.

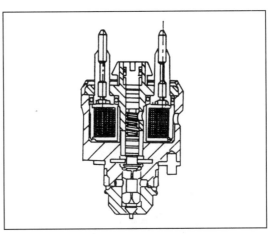

Bild 124
Einspritzventil

3.3.2 Drosselklappen-Stellmotor aus- und einbauen

● Die Batterie abklemmen (Minuspol).
● Den Luftfilter ausbauen.
● Den Mehrfachstecker vom Stellmotor und dem Drosselklappenpoti abziehen (Bild 126).
● Den Motorhalter abschrauben und den Motor mit Poti abnehmen.
● Den Motor vom Halter abnehmen.

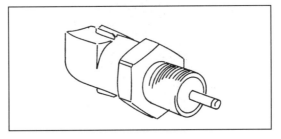

Bild 125
Kühlmitteltemperatur-Sensor

Einbau
● Den Motor am Halter festschrauben.
● Den Halter an der CFI-Einheit anbauen, dabei muss das Drosselklappenpoti richtig am Hebel der Drosselklappenwelle sitzen.
Der Halter muss zu den Anbauzapfen ausgerichtet sein.
Den Halter so festschrauben.
● Die elektrischen Verbindungen erstellen.
● Den Stutzen der Unterdruckleitung zum Ansaugfilter verschliessen.
● Den Motor starten und auf Betriebstemperatur bringen.
● Mit einem Drehzahlmesser die Leerlaufdrehzahl feststellen.
● Die Kontermutter am Anschlag Drosselklappensteller lösen und die Leerlaufdrehzahl auf den Einstellwert (siehe Einstelldaten) regulieren (Bild 127).
● Die Stellschraube kontern und die Plastik-Kappe aufstecken.
● Die Unterdruckleitung freilegen und den Luftfilter montieren.

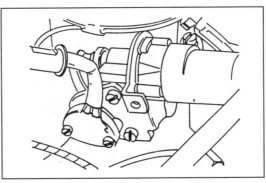

Bild 126
Stellmotor mit Poti

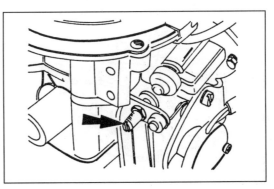

Bild 127
Einstellschraube Leerlaufdrehzahl

3.3.3 Druckregler aus- und einbauen

- Die Batterie abklemmen (Minuspol).
- Den Luftfilter demontieren.
- Auffangschale unter die CFI-Einheit stellen.
- Den Anschluss der Druckleitung lösen und den Druck abbauen lassen. Die Druckleitung abbauen.

Die Rücklaufleitung abbauen.
- Den Gaszug abbauen.
- Das Kühlmittel in eine Wanne ablassen.

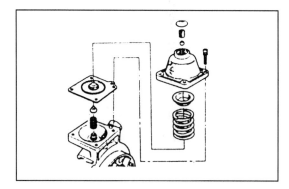

Bild 128
Teile des Druckreglers

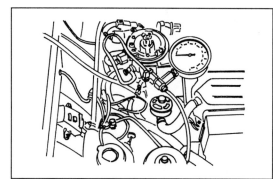

Bild 129
Manometer anschliessen

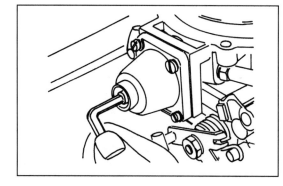

Bild 130
Druckregler einstellen

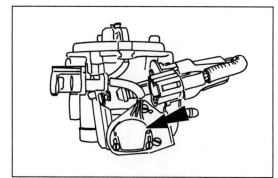

Bild 131
Drosselklappenpoti

- Die elektrischen Steckverbindungen von der CFI-Einheit abziehen.
- Die Unterdruckleitung von der CFI-Einheit abziehen.
- Die CFI-Einheit vom Ansaugkrümmer abbauen.
- Den Blindstopfen am Druckregler entfernen und die Inbusschraube herausdrehen.
- Den Deckel des Druckreglers abbauen.
- Die Teile des Reglers entnehmen (Bild 128).

Einbau
- Die Teile des Reglers gemäss Bild 128 einsetzen.

Den Deckel gleichmässig festziehen.
- Die Ventilkugel einsetzen und sicherstellen, dass sie richtig im Federteller sitzt.
- Die Inbusschraube bis zum Anschlag eindrehen und anschliessend 3 Umdrehungen herausdrehen.
- Die CFI-Einheit am Ansaugkrümmer anbauen.
- Das Manometer zur Prüfung des Kraftstoffdrucks gemäss Bild 129 anschliessen.
- Die Kraftstoffleitungen anschliessen.
- Den Gaszug montieren.
- Die elektrischen Verbindungen erstellen.
- Die Kühlmittelleitungen anschliessen und das Kühlmittel auffüllen.
- Die Unterdruckleitung anschliessen.
- Das Relais der Kraftstoffpumpe überbrücken, sodass die Pumpe ständig läuft.

Die Druckanzeige soll 1,0 bar ± 0,05 betragen. Falls erforderlich mit 4 mm-Schlüssel den Druckregler einstellen. Die Schraube so drehen, dass der Druck unter 0,5 bar sinkt. Anschliessend auf 1 bar einregulieren (Bild 130).
- Einen neuen Blindstopfen einsetzen.
- Das Manometer abbauen.
- Den Motor starten und die Kraftstoffleitungen auf Undichtheiten prüfen.
- Den Luftfilter anbauen.

3.3.4 Drosselklappenpoti aus- und einbauen

- Die Batterie abklemmen (Minuspol).
- Die Steckverbindung aus der Halterung ziehen.
- Den Mehrfachstecker trennen.
- Das Drosselklappenpoti von der Halterung abbauen (Bild 131).

Einbau
- Das Poti einsetzen und darauf achten, dass der Hebel des Poti in der richtigen Position ist.
- Die elektrischen Verbindungen erstellen und die Batterie anschliessen.

3.3.5 Einspritzventil aus- und einbauen

- Die Batterie abschliessen.
- Den Luftfilter abbauen.
- Den Anschluss der Kraftstoffleitung lösen und den Druck im System abbauen.
- Den Mehrfachstecker vom Ventil abziehen (Bild 132).
- Die Sicherungsbleche umbiegen und die Befestigungsschrauben des Ventils entfernen.
- Den Haltering abnehmen und das Ventil herausziehen.

Einbau
- Einen neuen Dichtring mit Dichtmittel einlegen.
- Das Ventil so einsetzen, dass der Einbauzapfen an der richtigen Stelle sitzt (Bild 133).
- Einen neuen Dichtring in den Haltering einsetzen.
- Den Haltering montieren und mit neuen Sicherungsblechen sichern.
- Den Mehrfachstecker am Ventil anschliessen.
- Den Anschluss der Kraftstoffleitung festziehen.
- Den Luftfilter montieren.
- Die Batterie anschliessen.

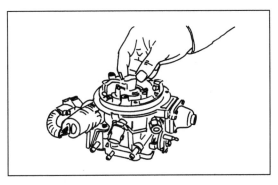

Bild 132
Mehrfachstecker des Ventils

Bild 133
Ventil einsetzen

3.3.6 Die CFI-Einheit aus- und einbauen

- Die Batterie abschliessen.
- Den Luftfilter abbauen.
- Die Kraftstoffleitungen abschliessen.
- Den Gaszug abbauen.
- Einen Auffangbehälter unter den Motor stellen und die beiden Kühlmittelschläuche abbauen.
- Alle Elektroverbindungen trennen.
- Die Unterdruckleitung abziehen.
- Die CFI-Einheit vom Ansaugkrümmer abschrauben (Bild 134).

Einbau
- Alle Dichtflächen reinigen.
- Die CFI-Einheit mit dem vorgeschriebenen Drehmoment festziehen.
- Die Unterdruckleitung anbauen.
- Die Steckverbindungen erstellen.
- Die Kühlmittelschläuche anbauen.
- Den Gaszug montieren.
- Die Kraftstoffleitungen festschrauben.
- Den Luftfilter montieren.
- Den Kühlmittelstand im Ausgleichgefäss erstellen.
- Die Zündung fünfmal ein- und ausschalten und dabei das Kraftstoffsystem auf Dichtheit prüfen.

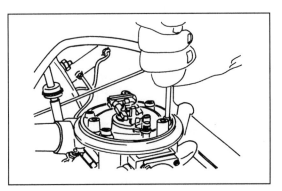

Bild 134
Befestigungsschrauben CFI-Einheit

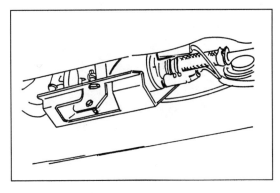

Bild 135
Kraftstoffpumpe

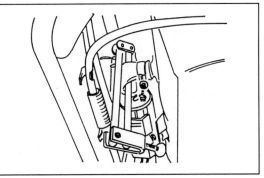

Bild 136
Zuleitung abklemmen

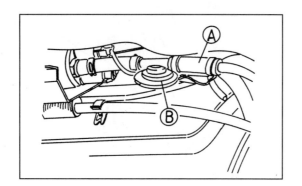

Bild 137
Dämpfer ausbauen
A Druckleitung
B Dämpfer

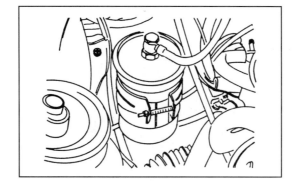

Bild 138
Einbaulage des Filters

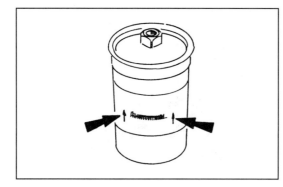

Bild 139
Durchflussrichtung

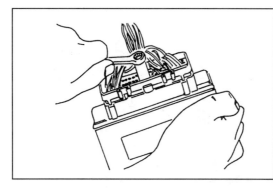

Bild 140
Befestigungsschrauben des Steckers

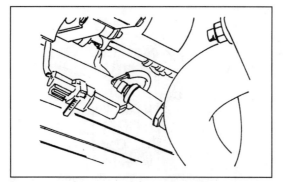

Bild 141
Steckverbindung zur Lambda-Sonde

3.3.7 Kraftstoffpumpe aus- und einbauen (Bild 135)

- Die Batterie abklemmen.
- Das Fahrzeug anheben.
- Die Zulaufleitung der Kraftstoffpumpe mit einer Schlauchklemme abklemmen (Bild 136).
- Aus der Druckleitung der Pumpe den Dämpfer ausbauen (Bild 137).

Achtung: Das System steht unter Druck.

- Die Kraftstoffleitungen von der Pumpe abbauen.
- Den Kabelstecker von der Pumpe abziehen.
- Die Pumpe losschrauben und abnehmen.

Der Einbau erfolgt in umgekehrter Reihenfolge.

3.3.8 Kraftstoffilter ersetzen (Bild 138)

- Das Massekabel der Batterie abklemmen.
- Einen Auffangbehälter unter den Filter stellen.
- Die Zuleitung sorgfältig lösen (das System ist unter Druck).
- Beide Leitungen abschliessen.
- Den Filter abschrauben und den neuen einsetzen. Dabei auf die Durchflussrichtung (Pfeile am Filter-Mantel) achten (Bild 139).
- Die Leitungen anschliessen.
- Die Batterie anschliessen und den Motor starten.
- Das System auf Dichtheit prüfen.

3.3.9 Steuereinheit ersetzen

- Die Minusleitung der Batterie abklemmen.
- Die Verkleidung unterhalb der Sicherheitsabdeckung auf der Beifahrerseite abnehmen.
- Die Halterung des Moduls lösen und es abnehmen.
- Die Befestigungsschraube der Steckverbindung lösen und den Stecker abziehen (Bild 140).

Der Einbau des neuen Moduls erfolgt in umgekehrter Reihenfolge.

3.3.10 Lambda-Sonde ersetzen

- Die Minusleitung der Batterie abklemmen.
- Das Fahrzeug auf der Hebebühne anheben.
- Das Kabel der Lambda-Sonde aus der Halterung befreien und die Steckverbindung trennen (Bild 141).
- Das Hitzeschild von der Lambda-Sonde abziehen und die Sonde ausschrauben.

Einbau
Achtung: Die neue Sonde am Messteil nicht berühren.

- Das Gewinde an der Sonde und am Auspuffrohr säubern.
- Das Gewinde der Sonde mit Trockenschmiermittel einstreichen.
- Die Sonde mit neuem Dichtring sorgfältig einsetzen und mit dem vorgeschriebenen Drehmoment festziehen.
- Das Hitzeschild aufstecken.
- Die Steckverbindung erstellen. Dabei auf richtiges Einschnappen der Klammern achten.
- Den Kabelstrang verlegen.
- Die Batterie anschliessen und den Motor auf Betriebstemperatur bringen.
- Die Dichtheit der Lambda-Sonde überprüfen.

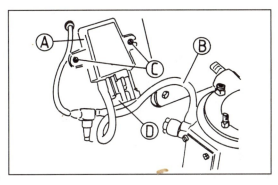

Bild 142
Mehrfachstecker Sensor
A MAP-Sensor
B Unterdruckschlauch
C Befestigungsschlauch
D Mehrfachstecker

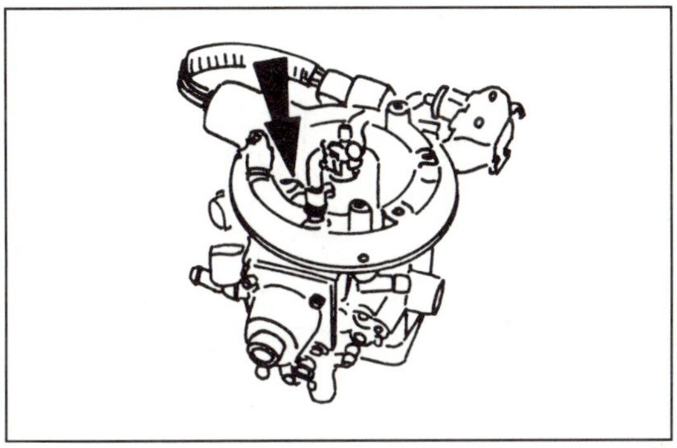

3.3.11 Den Ansaugdrucksensor aus- und einbauen

- Die Minusleitung der Batterie abklemmen.
- Den Mehrfachstecker des Sensors abziehen (Bild 142).
- Den Unterdruckschlauch abziehen.
- Den Sensor abschrauben.

Der Einbau erfolgt in umgekehrter Reihenfolge.

3.3.12 Ansaugluft-Temperatursensor aus- und einbauen

- Die Minusleitung der Batterie abklemmen.
- Den Mehrfachstecker des Sensors abziehen.
- Den Sensor aus der CFI-Einheit ausschrauben (Bild 143).

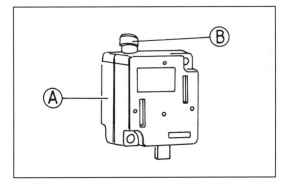

Bild 143
Einbaulage des Sensors

Einbau
- Das Gewinde des Sensors mit Silikondichtmittel bestreichen.
- Den Sensor einschrauben und mit dem vorgeschriebenen Drehmoment festziehen.
- Die Steckverbindung erstellen.
- Die Batterie anschliessen.

3.3.13 Sicherheitsschalter der Kraftstoffpumpe aus- und einbauen

- Das Massekabel der Batterie abschliessen.
- Die Heckklappe öffnen und den Schalter aufsuchen.
- Den Mehrfachstecker abziehen.
- Den Schalter ausbauen (Bild 144).

Der Einbau erfolgt in umgekehrter Reihenfolge. Darauf achten, dass der Stecker richtig einrastet und der Schalter reaktiviert ist (Knopf (B) in Bild 144 eindrücken).

Bild 144
Sicherheitsschalter
A Schalter
B Druckwellenschalter zur Reaktivierung

Geschwindigkeitssensor aus- und einbauen
- Die Überwurfmutter lösen und die Antriebsseite des Tacho entfernen (Bild 145).
- Den Geber aus dem Getriebe ausschrauben.

Der Einbau erfolgt in umgekehrter Reihenfolge.

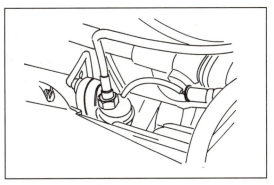

Bild 145
Tachowelle ausbauen

3.3.14 Relais Spannungsversorgung Motorregelung aus- und einbauen
Relais Kraftstoffpumpe aus- und einbauen

- Die Batterie abklemmen.

Bild 146
Sicherungskasten abschrauben

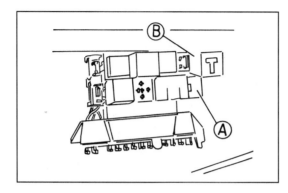

Bild 147
Lage der Relais
A Pumpenrelais
B Relais Motorregelung

- Den Sicherungskasten abnehmen und nach unten ziehen.
- Das entsprechende Relais ersetzen (Bild 147).
- Den Sicherungskasten wieder einbauen.

3.4 Teilsystem Zündung

3.4.1 1,1 l-Motor

Das Zündsystem ist verteilerlos und wird nur durch die Elektronik gesteuert. Die Steuerung der Zündung erfolgt durch Sensoren, welche die Motordrehzahl, Kühlmitteltemperatur und den absoluten Ansaugrohrdruck berücksichtigen. Bei Kat-Fahrzeugen wird zusätzlich die Abgaszusammensetzung und die Ansauglufttemperatur miteinbezogen.
Bild 148 zeigt den Aufbau der Zündung.

Ausbau
Das Massekabel der Batterie abklemmen.
Den Überdruck, wenn vorhanden, am Einfülldeckel des Ausgleichsgefässes abbauen.
Das Kühlmittel in eine saubere Wanne ablassen (Bild 149).

- Die Abdeckung des Sicherungskastens entfernen.
- Die untere Fussraumabdeckung abnehmen.
- Die drei Befestigungsschrauben des Sicherungskastens ausdrehen (Bild 146).

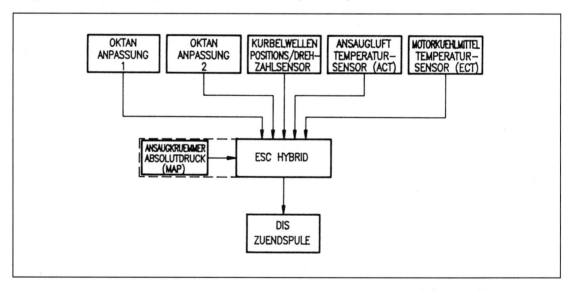

Bild 148
Aufbau der Zündung

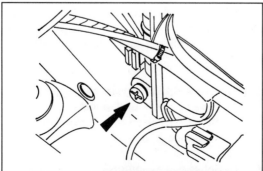

Bild 149
Ablassschraube

Bild 150 ▶
Kühlmitteltemp. Sensor

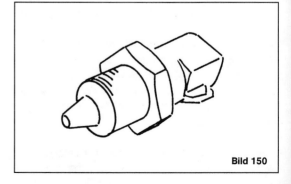

Bild 150

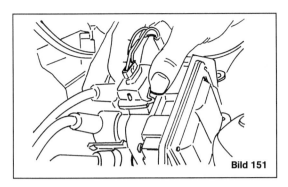

Bild 151

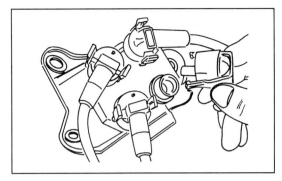

Bild 151 ◀
Mehrfachstecker Zündspule

Bild 152
Stecker abziehen

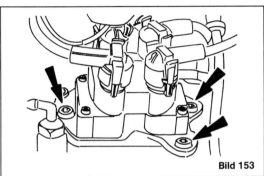

Bild 153

Bild 153 ◀
Befestigung der Zündspule

Bild 154
Lage Drehzahlsensor
A Torxschraube
B Mehrfachstecker

Den Stecker vom Sensor (unten am Ansaugkrümmer) abziehen.
Den Sensor herausdrehen.
Der Einbau erfolgt in umgekehrter Reihenfolge.
Dazu eine neue Dichtung verwenden.
Den Stecker einwandfrei aufstecken, bis die Zungen einrasten.
Das Kühlsystem langsam auffüllen, damit die Luft entweichen kann. Den Motor warmlaufen lassen, bis der obere Kühlerschlauch warm wird.
Anschliessend den Kühlmittelstand im Ausgleichsgefäss auf «MAX» ergänzen.
Bild 150 zeigt den Kühlmitteltemperatur-Sensor.

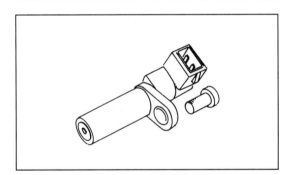

Bild 155
Sensor

Zündspule
Ausbau:
Das Massekabel der Batterie abklemmen.
Den Mehrfachstecker der Zündspule abziehen (Bild 151).
Die Haltezungen der Hochspannungsstecker zusammendrücken und diese von der Zündspule abziehen (Bild 152).
Die Befestigungsschrauben (Torx) lösen und die Spule abnehmen (Bild 153).
Der Einbau erfolgt in umgekehrter Reihenfolge.
Darauf achten, dass der Mehrfachstecker richtig sitzt.
Bei Brandspuren die Zündspule ersetzen.

Drehzahlsensor
Ausbau:
Das Massekabel der Batterie abklemmen.
Den Mehrfachstecker vom Sensor abziehen (Bild 154).

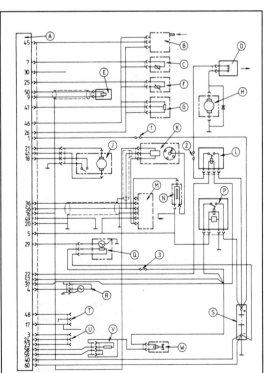

Bild 156
Schaltplan Zündung
A EEC IV-Modul
B MAP-Sensor
C Kühlmittelsensor ECT
D Sicherheitsschalter
E Klopfsensor
F Ansaugluft-Temp-Sensor ACT
G Drosselklappensensor TPS
H Kraftstoffpumpe
J Drosselklappenstellmotor
K Zündverteiler
L Pumpenrelais
M TFI IV-Zündmodul
N Zündspule
P Versorgungsrelais
Q Lambda-Sonde
R Geschwindigkeitssensor
S Batterie
T Selbsttestanschluss
U Serviceanschluss
V Vorwiderstand
W Einspritzventil
1 KAM-Sicherung
2 Sicherung-Pumpenrelais
3 Sicherung Lambda-Sonde

Die Befestigungsschraube lösen und den Sensor entnehmen (Bild 155).
Der Einbau erfolgt in umgekehrter Reihenfolge.

3.4.2 1,4/1,6 l-Motor

Bild 156 zeigt die elektrischen Verbindungen des Zündsystems und der Einspritzung.
Der Zündverteiler am Zylinderkopf liefert Impulse zur Auslösung der Zündung. Der Hochspannungsverteiler in der Verteilerkappe teilt den jeweiligen Zylindern die Zündenergie zu.
Der Zündzeitpunkt wird durch das EEC-Modul laufend aus den anfallenden Sensorwerten berechnet und bestimmt.
Die anfallende Zündenergie ist gegenüber herkömmlichen Systemen sehr hoch.
Deshalb sollten stromführende Teile bei Motorlauf oder eingeschalteter Zündung nicht berührt werden.

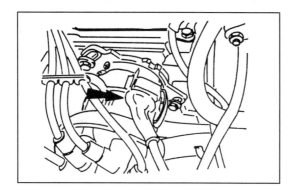

Bild 157
Stecker am Verteiler

Zündverteiler
Ausbau:
- Die Minusleitung der Batterie abschliessen.
- Das Zündkabel zwischen Verteiler und Zündspule spulenseitig abziehen.
- Die Verteilerkappe abnehmen.
- Den Mehrfachstecker vom Verteiler abziehen (Bild 157).
- Das Verteilergehäuse am Flansch zum Zylinderkopf mit der Reissnadel zeichnen.
- Die Befestigungsschrauben des Verteilers lösen und den Verteiler abnehmen (Bild 158).

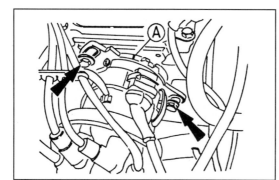

Bild 158
Befestigung Verteiler
A = Marke

Einbau:
- Den Dichtring am Verteilerflansch prüfen und wenn beschädigt ersetzen.
- Die Mitnehmerklaue zum Gegenstück ausrichten. Die Verbindung kann nur in einer Stellung erfolgen.
- Den Verteiler aufstecken und entsprechend der Marke positionieren.
- Den Verteiler provisorisch festschrauben.
- Die Verteilerkappe und die elektrische Verbindung anbauen.
- Die Stroboskoplampe gemäss Hersteller anschliessen.
- Den Motor starten.
- Bei einer Leerlaufdrehzahl von
1,4 l: 750 U/min
1,6 l: 900 U/min
den Zündzeitpunkt auf 10° vor OT einstellen, siehe Bild 158 a (Zündverteiler verdrehen).
Einstellort: Keilriemenscheibe der Kurbelwelle.
- Den Verteiler endgültig festziehen.

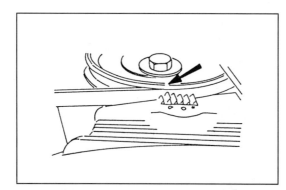

Bild 158 a
Einstellung Zündzeitpunkt

Zündmodul aus- und einbauen
- Die Minusleitung der Batterie abklemmen.
- Den Mehrfachstecker vom Modul abziehen (Bild 159).
- Das Modul abschrauben.
Der Einbau erfolgt in umgekehrter Reihenfolge.

3.4.3 Zündkerzen

Der Zündkerzentyp ist für die Funktion des Motors sehr wichtig. Deshalb darf nur der vom Werk festgelegte Typ eingebaut werden.

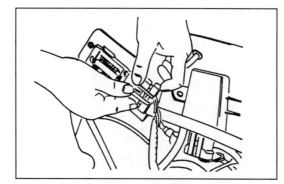

Bild 159
Stecker Zündmonopol

Vorgeschriebener Typ:
1,1 l-Kat
Motorcraft AGRF 22 C1
1,4/1,6 l-Kat
Motorcraft AGPR 22 C1

Die Zündkerzen sind alle 10 000 km zu ersetzen.

Der Elektrodenabstand muss 1,0 mm betragen.

Vor jedem Einbau der Kerzen ist der Abstand mit der Fühlerlehre zu prüfen.

Der 1,6 l-Diesel besitzt an Stelle der Zündkerzen Glühkerzen.
Diese sind gemäss Ersatzteilkatalog auszuwählen.
Die Zündkerzen wie Glühkerzen sind mit dem vorgeschriebenen Drehmoment festzuschrauben.

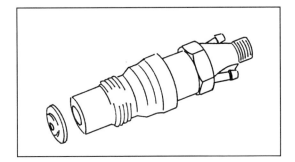

Bild 160
Einspritzdüse

3.5 Dieseleinspritzung

Beim Dieselmotor wird der Treibstoff (Dieselöl) durch die Einspritzpumpe über Düsen in die Vorkammern des Motors mit hohem Druck eingespritzt.
Die Pumpe wird über den Zahnriemen an der Steuerseite des Motors von der Kurbelwelle angetrieben.
Der Spritzpunkt der Pumpe ist für die Funktion des Motors wichtig. Deshalb sind die Zahnriemenräder des Antriebs mit Einstellmarken versehen.
Eine Reparatur der Pumpe selbst sollte unterlassen werden. Im Schadenfall eine Austauschpumpe oder ein Neuteil einbauen.

Das System ist sehr schmutzempfindlich, deshalb muss vor dem Öffnen des Systems die Umgebung zuerst gereinigt werden.
Die Öffnungen sind sofort mit Kunststoffkappen zu verschliessen.

3.5.1 Einspritzventil ersetzen

- Das Batteriemassekabel abschliessen.
- Die Einspritzleitung der Düse demontieren.
- Die Leckölleitung abziehen.
Die entstandenen Öffnungen an der Leitung und der Pumpe mit Kunststoffkappen verschliessen.
- Mit einer geeigneten Stecknuss die Düse ausschrauben und die Düse mit der darunterliegenden Scheibe entnehmen (Bild 160).
Die Scheibe unter der Düse muss für den Wiedereinbau durch ein Neuteil ersetzt werden.
- Die neue Düse mit der Scheibe einsetzen und mit dem richtigen Drehmoment festziehen.
- Die Druckleitung und die Leckölleitung wieder einbauen.

3.5.2 Einspritzpumpe ersetzen

- Das Batteriemassekabel abklemmen.
- Einen Auffangbehälter für Kühlmittel unterstellen.
- Den Kühlmittelschlauch vom Ausgleichsbehälter abbauen.
- Die Zahnriemenabdeckung abbauen.
- Den Gaszug mit Halter von der Pumpe abbauen.
- Alle Kraftstoffleitungen von der Pumpe abmontieren.
Die Öffnungen verschliessen.
- Die elektrischen Verbindungen abschliessen.
- Den Verschlussstopfen für den OT-Stift im Block entfernen.
- Den 4. Gang einlegen und den Motor langsam drehen, bis das Langloch für den Einstellstift in 11.00 Uhr-Stellung steht (Bild 161).
- Den Motor entgegen der Laufrichtung drehen, bis sich der Einstellstift vollständig in den Block einschrauben lässt.
Den Stift festziehen.
- Den Motor sorgfältig in Drehrichtung drehen, bis der Kolben am Stift ansteht.
- Die Einstellstifte des Nockenwellen- und Pumpenrads einsetzen.
- Den Zahnriemenspanner lösen, den Zahnrie-

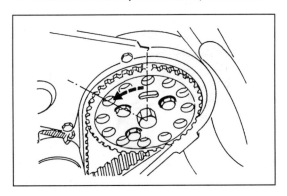

Bild 161
Grundstellung Einspritzpumpenrad

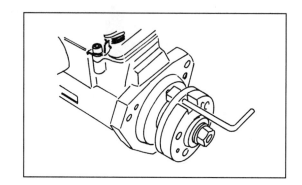

Bild 162
Einbaustellung der Pumpe

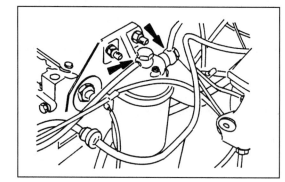

Bild 163
Kraftstoffleitung abschliessen

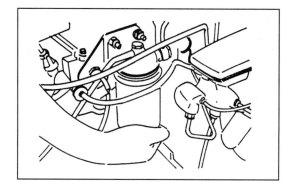

Bild 164
Filter abschrauben

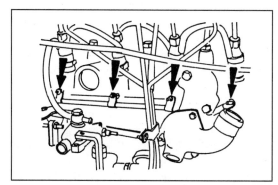

Bild 165
Anschlüsse der Zündkerzen

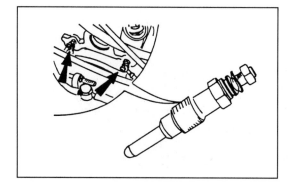

Bild 166
Glühkerze

men entspannen und den Spanner in dieser Stellung wieder festziehen.
● Den Zahnriemen abnehmen.
● Das Einspritzpumpenrad demontieren.
● Die Pumpe abschrauben und entnehmen.

Einbau:
Die Pumpenwelle so drehen, bis der Einstellstift gemäss Bild 162 eingesetzt werden kann.
● Die Pumpe in dieser Stellung einsetzen und festziehen.
● Das Zahnriemenrad aufsetzen und die Befestigungsschrauben lose eindrehen.
● Sicherstellen, dass der Einstellstift vollständig eingreift und im Pumpengehäuse sitzt.
● Die Langlöcher am Zahnriemenrad ausmitten.
● Den Zahnriemen so auflegen, dass das Zugtrumm straff liegt.
● Den Zahnriemenspanner lösen und gegen den Riemen schnappen lassen. Den Spanner festziehen.
● Alle Einstellstifte entfernen.
● Den Motor zwei Umdrehungen durchdrehen und wieder in die Einstellage bringen.
● Den Stift in den Block einsetzen und den Motor in Laufrichtung drehen, bis der Motor am Stift ansteht.
● Die Einstellstifte der Zahnriemenräder wieder einsetzen.
● Die Räder festziehen.
● Den restlichen Einbau in umgekehrter Reihenfolge vornehmen.

3.5.3 Kraftstoffilter ersetzen

● Das Batteriemassekabel abschliessen.
● Auffangbehälter für Kraftstoff unter den Motor stellen.
● Beide Kraftstoffleitungen abmontieren (Bild 163).
Das Kupplungsgehäuse so abdecken, dass kein Kraftstoff in die Kupplung gelangen kann.
● Den Filter vom Halter abschrauben und entnehmen (Bild 164).
● Den neuen Filter befestigen.
● Die beiden Kraftstoffleitungen mit neuen Dichtungen anbauen.
● Die Entlüfterschraube am Filterhalter öffnen und den Wagen hinten hochheben.
Sobald Kraftstoff an der Entlüfterschraube austritt, diese verschliessen.
● Das Fahrzeug auf die Räder stellen.
● Die Batterie anschliessen.
● Den Motor starten und ca. 1 Min. laufen lassen, bis die restliche Luft entwichen ist.
● Den Auffangbehälter und die Abdeckung der Kupplung entfernen.

3.5.4 Glühkerze ersetzen

- Die Batterie abklemmen (Minuspol).
- Die Anschlüsse der Glühkerzen abschrauben (Bild 165).
- Die Glühkerzen ausschrauben.
- Die neuen Glühkerzen einschrauben und mit dem vorgeschriebenen Drehmoment festziehen (Bild 166).
- Die elektrischen Anschlüsse erstellen und die Batterie anschliessen.

3.5.5 Leerlaufdrehzahl einstellen

- Den Motor starten und auf Betriebstemperatur bringen.
- Einen Drehzahlmesser für Dieselmotoren anschliessen.
- Die Regler-Enddrehzahl prüfen:
Nie länger als 5 Sekunden Vollgas geben.
Die Drehzahl soll 5350 U/min ± 50 betragen.
Diese Drehzahl darf nur vom BOSCH-Dienst verstellt werden.
- Wenn die Enddrehzahl stimmt, kann die Leerlaufdrehzahl eingestellt werden:

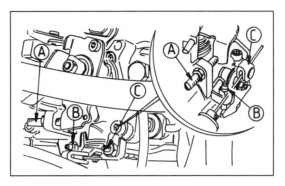

Bild 167
Einstellorte Bosch-Pumpe
A Anschlagschraube Leerlauf
B Einstellschraube Leerlauf
C Schnelleerlauf-Einstellschraube

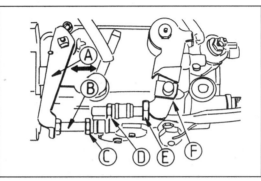

Bild 168
Einstellorte CAV-Pumpe
A Anschlaghebel Leerlaufdrehzahl
B Einstellschraube Leerlaufdrehzahl
C Kontermutter
D Kontermutter
E Anschlagschraube Leerlaufdrehzahl
F Verstellhebel

An der Einstellschraube in Bild 167 bzw. 168 die Drehzahl auf 800 U/min ± 40 einregulieren.

4 Auspuffanlage

Die Auspuffanlage hat die Aufgabe, die Verbrennungsabgase des Motors zum Wagenheck zu leiten und die Verbrennungsgeräusche auf die gesetzliche Norm zu reduzieren. Der eingebaute Katalysator reduziert die anfallenden Schadstoffe. Er wird durch die eingebaute Lambda-Sonde über die Motorelektronik gesteuert. Zudem muss die Auspuffanlage einen Gegendruck erzeugen, der für die Funktion des Motors sehr wichtig ist.

Auf Grund dieser Aufgaben dürfen nur Originalersatzteile für Reparaturen verwendet werden. Irgendwelche Fremdfabrikate erfüllen die Daten der Originalteile meist nicht.

Die Auspuffanlage muss ab dem Auspuffkrümmer dicht sein. Dies prüft man durch Verschliessen des Auspuffendes mittels Lappen, während der Motor im Leerlauf dreht. Dadurch steigt der Druck in der Anlage an und lecke Stellen werden leicht aufgefunden.

Rohrverbindungen dichtet man mit Fire-Gum ab. Korrodierte Schalldämpfer und Rohre sind komplett zu ersetzen.

Bei der Montage der Auspuffanlage ist darauf zu achten, dass sie nirgends anschlagen kann und durch Wärmestrahlung kein Teil beschädigt. Die jeweiligen Gummiteile sind bei der Montage zu ersetzen.

5 Kupplung

Bei handgeschalteten Ausführungen ist zwischen Motor und Getriebe eine Kupplung eingebaut.
Bei Modellen mit Automatik-Getrieben übernimmt der Drehmomentwandler diese Aufgabe.
Die Einscheiben-Trockenkupplung ist mit dem Schwungrad verschraubt und verbindet den Motor mit dem Getriebe.
Nach Ausbau des Getriebes ist die Kupplung zugänglich. Die Kupplung wird durch einen Seilzug betätigt.

5.1 Prüfung der Kupplung

Mit dem betriebswarmen Wagen eine stark ansteigende Strasse aufwärts befahren.
In der Steigung den 5. Gang einlegen und beschleunigen.
Nimmt die Motordrehzahl ohne Erhöhung der Fahrtgeschwindigkeit zu, rutscht die Kupplung durch.
Für das Durchrutschen der Kupplung gibt es folgende Gründe:
- Die Kupplung ist verschliessen.
- Die Kupplung ist verölt.
- Die Kupplungsfeder ist lahm.

5.2 Kupplung aus- und einbauen

- Den Motor mit Getriebe ausbauen (siehe entsprechendes Kapitel).
- Das Getriebe vom Motor abflanschen.
- Die Kupplungsdruckplatte in mehreren Umgängen gleichmässig lösen.
Sorgfältig vorgehen, um den Kupplungskorb nicht zu verziehen.
- Die Druckplatte mit der freiwerdenden Mitnehmerscheibe abnehmen.
- Die Mitnehmerscheibe auf Abnützung prüfen. Der Belag soll mindestens 0,5 mm über den Nieten stehen.
Wird ein verölter Belag vorgefunden, abklären, wo das Öl austritt.

Tritt das Öl am Getriebe aus, muss der Dichtring ersetzt werden (siehe Kapitel Getriebe).
Dabei ist der Zustand der Antriebswelle des Getriebes zu prüfen. Leicht eingelaufene Wellen können mit Poliertuch Körnung 240 renoviert werden. Zu stark eingelaufene Wellen müssen ersetzt werden.
Tritt Öl hinter dem Schwungrad aus, muss dieses von der Kurbelwelle abmontiert werden und der Dichtring im Abschlussdeckel des Motorblocks ersetzt werden (siehe Kapitel Motor zusammenbauen).
Ist die Kurbelwelle im Bereich des Dichtrings eingelaufen, muss die Welle demontiert und nachgeschliffen werden (Motor zerlegen).
- Das Schwungrad auf Abnützung und Brandstellen prüfen. Werden Riefen und Brandstellen vorgefunden, das Schwungrad demontieren. Die Reibfläche darf maximal 1 mm nachgeschliffen werden. Wird mit dieser Materialabnahme keine saubere Fläche erzielt, muss das Schwungrad ersetzt werden.
Das Schwungrad gemäss den Angaben in der Mass- und Einstelltabelle an der Kurbelwelle festschrauben.
- Beim Ersatz der Kupplung stets die komplette Kupplung mit Drucklager auswechseln.
- Die Mitnehmerscheibe auf den Zentrierdorn 21-103 oder eine alte Antriebswelle des Getriebes stecken und in die Zentrierung der Kurbelwelle einsetzen.
Die flache Seite, mit der Markierung Schwungradseite muss zum Schwungrad weisen.
- Die Druckplatte auf die Zentrierstifte des Schwungrads aufstecken und die Schrauben gleichmässig in mehreren Umgängen festziehen.

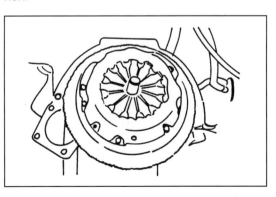

Bild 169
Kupplung zentrieren

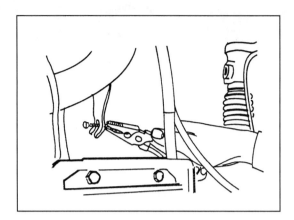

Bild 170
Seil ausbauen

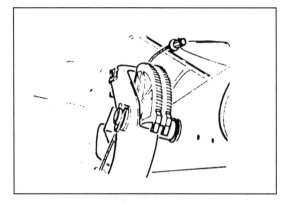

Bild 171
Seilzug einhängen

Das vorgeschriebene Anzugsmoment einhalten (Bild 169).
● Anschliessend muss sich der Zentrierdorn leicht ausziehen lassen.

Wenn nicht, muss die Zentrierung wiederholt werden.

5.3 Seilzug ersetzen

● Das Kupplungsseil aus dem Betätigungshebel der Kupplung aushängen, dazu das Kupplungspedal anheben (Bild 170).
● Die Fussraumabdeckung links ausbauen.
● Das Kupplungsseil am Pedal oben aushängen.
Das Pedal anheben, um die Raste aus dem Zahnsegment zu lösen. Das Zahnsegment nach vorne drehen und das Seil vom Segment aushängen.
● Das Seil zum Motorraum hin ausziehen.
Einbau:
● Das Pedal mittels Holzklotz unterstützen, sodass sich die Raste aus dem Zahnsegment löst.
● Den neuen Seilzug vom Motorraum her in die Aussparung zwischen Pedal und Nachstellautomatik schieben. Zahnsegment wieder zurückschwenken und das Seil einhängen (Bild 171).
● Das Seil am Kupplungshebel einhängen.
● Den Holzklotz unter dem Pedal entfernen und das Pedal zur Justierung leicht betätigen.
● Die Fussraumabdeckung montieren.
Eine weitere Einstellung ist nicht notwendig, da die Automatik das Pedal ständig nachstellt.

6 Getriebe 5-Gang handgeschaltet

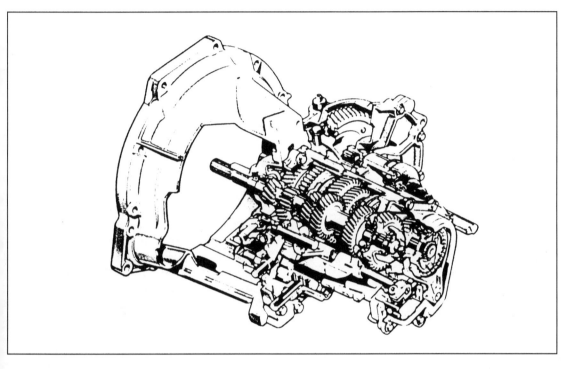

Bild 172
5-Gang-Getriebe

Das 5-Gang-Getriebe (Bild 172) ist als sogenanntes Zweiwellengetriebe aufgebaut. Es beinhaltet zudem den Achsantrieb mit Differential. Achsantrieb und Getriebe besitzen dasselbe Ölniveau.
Die Schaltung des Getriebes erfolgt über den Schalthebel und das Schaltgestänge unter dem Wagenboden.

Das Getriebe weist folgende Übersetzungen auf:

	1,1 l/1,4 l-Motor	1,6 l/1,8 l-Diesel
1. Gang	3,58	3,15
2. Gang	2,04	1,91
3. Gang	1,32	1,28
4. Gang	0,95	0,95
5. Gang	0,76	0,76
R-Gang	3,62	3,62

Übersetzung des Achsantriebs

1,1 l	1,4 l	1,6 l	1,8 l-Diesel
4,06	4,06	4,06	3,59
		3,82	

Füllmenge 3,1 l
Ölqualität SQM2C-90087-A SAE 80

6.1 Aus- und Einbau des Getriebes

- Das Batteriemassekabel abklemmen.
- Den Tachoantrieb vom Getriebe abbauen.
- Das Kupplungsseil beim Ausrückhebel aushängen.
- Den Getriebeentlüftungsschlauch aus dem Längsträger ziehen.
- Die oberen Getriebeflansch-Schrauben entfernen.
- Das Massekabel Getriebe-Fahrgestell abbauen.

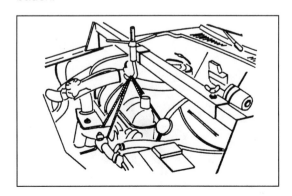

Bild 173
Motor anheben

Bild 174
Stabilisator abbauen

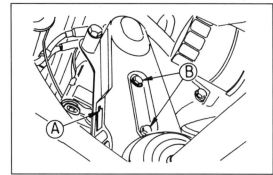

Bild 175
Abdeckung abbauen
A Öffnung zum Fühler
B Befestigung Abdeckung

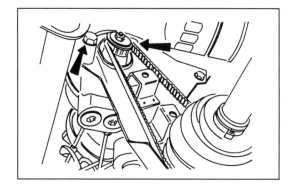

Bild 176
Befestigung des Fühlers

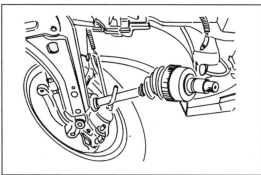

Bild 177
Getriebeträger demontieren

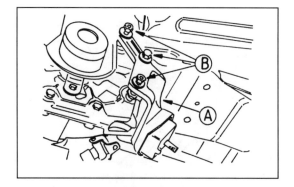

Bild 178
Hintere Getriebebefestigung
A Halter
B Muttern

- Die Motorhaltevorrichtung montieren und den Motor leicht anheben (Bild 173).
- Das Fahrzeug anheben.
- Die Kabel vom Anlasser abbauen.
- Den Stecker vom Rückfahrlicht-Schalter abziehen.
- Den Anlasser abbauen.
- Halter Auspuff wo vorhanden ausbauen.
- Das Abdeckblech des Kupplungsgehäuses abbauen.
- Die Schaltstange von der Schaltwelle des Getriebes trennen.
- Den Stabilisator vom Getriebe abschrauben (Bild 174).
- Die Kugelgelenke der beiden Querlenker von den Federbeinen trennen.

Bei Fahrzeugen mit SCS:
- Den Stecker des Fühlers abziehen (Bild 175).
- Die Abdeckung demontieren.
- Den SCS-Fühler ausbauen (Bild 176).
- Die innere Abdeckung abbauen.
- Beide Abtriebswellen vom Getriebe abdrücken.

Bei Fahrzeugen mit zweiteiliger Abtriebswelle das Stützlager vom Halter-Motor abschrauben. Die Gummimanschette abnehmen und die Abtriebswelle mit Zwischenwelle aus dem Getriebe herausziehen.
- Anschliessend Achswellenstümpfe oder Stopfen einsetzen, um das Auslaufen des Öls zu vermeiden.
- Um die Gelenke der Wellen nicht zu beschädigen, die Wellen mit Bindedraht hochbinden.
- Den Getriebeträger von der Karosserie abbauen (Bild 177).
- Den Motor soweit absenken, wie es die Motorhaltevorrichtung erlaubt und die hintere Getriebehalterung abschrauben (Bild 178).
- Die Stiftschrauben des Halters ausdrehen.
- Die unteren Getriebeflansch-Schrauben entfernen.
- Das Getriebe herausnehmen.

Der Einbau erfolgt in umgekehrter Reihenfolge unter Beachtung der Anzugsmomente. Bezüglich Einstellung der Schaltung beachte das Kapitel «Motor einbauen».

6.2 Getriebe zerlegen

Bild 179 zeigt das Getriebe zerlegt.
- Das Getriebe mittels Halter im Schraubstock aufnehmen (Bild 180).
- Den Getriebeträger vom Getriebe abbauen.
- Das Öl über eine Abtriebswellen-Öffnung ablassen.

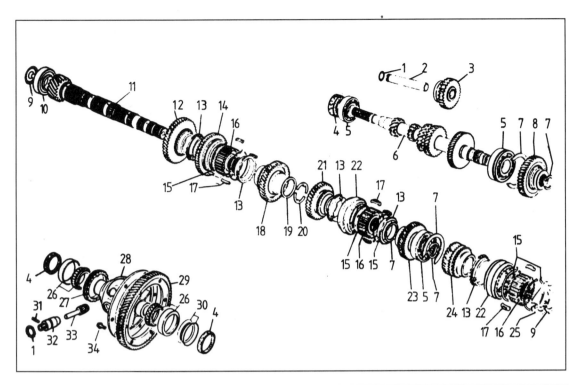

Bild 179
Getriebe zerlegt
1 O-Ring
2 Achse Rückwärtsgang-Zwischenrad
3 Rückwärtsgang
4 Dichtring
5 Kugellager
6 Antriebswelle
7 Sprengring
8 Antriebsrad 5. Gang
9 Öltrichter
10 Rollenlager
11 Hauptwelle
12 Zahnrad 1. Gang
13 Synchronring
14 Schaltring
15 Haltefeder
16 Synchronnabe
17 Synchronriegel
18 Zahnrad 2. Gang
19 Haltering
20 Anlaufscheibe
21 Zahnrad 3. Gang
22 Schaltring
23 Zahnrad 4. Gang
24 Zahnrad 5. Gang
25 Halteblech
26 Kegelrollenlager
27 Schneckenrad-Tachoantrieb
28 Gehäuse Ausgleichgetriebe
29 Stirnrad Ausgleichgetriebe
30 Tellerfeder
31 Spannstift
32 Lager Tachoritzel
33 Tachoritzel
34 Tellerradschraube

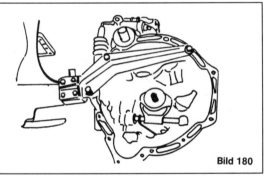

Bild 180

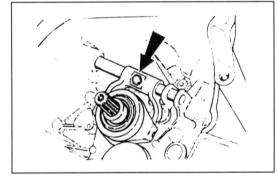

Bild 180 ◄
Getriebe aufnehmen

Bild 181
Ausrückwelle ausbauen

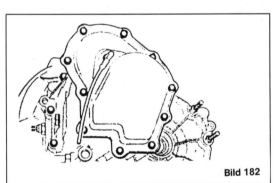

Bild 182

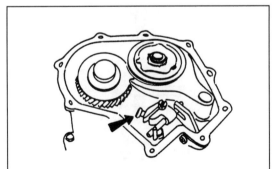

Bild 182 ◄
Gehäusedeckel

Bild 183
Schaltstift demontieren

● Die Kupplungs-Ausrückwelle mit Gabel und Drucklager ausbauen (Bild 181).
● Die beiden Hutmuttern mit Arretierstiften und Federn (Arretierung der Schaltwelle) ausbauen.
● Den Gehäusedeckel abschrauben (Bild 182).
● Schaltstift von der Schaltwelle abbauen (Bild 183).
● Den Sicherungsring in Bild 184 abnehmen und das 5. Gangrad mit den Synchronteilen entnehmen.
Dazu die Schaltgabel von der Welle abbauen.

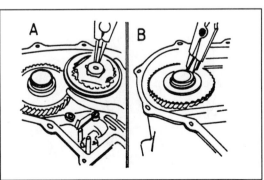

Bild 184
5. Gang demontieren
A Sicherungsring
B Sprengring Antriebsrad 5. Gang

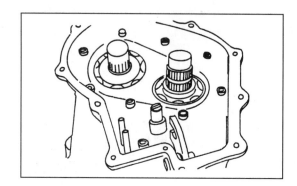

Bild 185
5. Ganggehäuse abschrauben

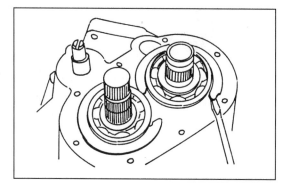

Bild 186
Sprengring entfernen

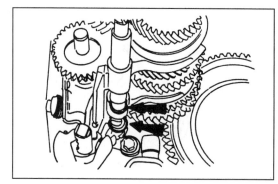

Bild 187
Sicherungsring abnehmen

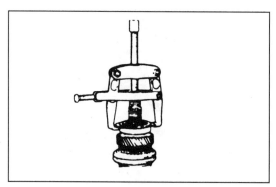

Bild 188
Kugellager abziehen

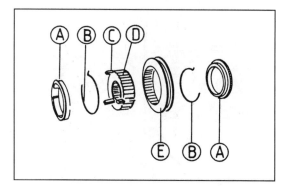

Bild 189
Synchronteile
A Synchronring
B Haltefeder
C Sperrglied
D Schaltmuffenträger
E Schaltmuffe

● Den Sicherungsring des Festrads 5. Gang entfernen und das Rad mit der Vorrichtung 16-035 abziehen.
Der Sicherungsring muss durch ein Neuteil ersetzt werden!
● Die Schrauben des 5. Gang-Gehäuses ausdrehen und das Gehäuse abnehmen (Bild 185).
● Die Sprengringe der Getriebelager abdrücken (Bild 186).
● Die obere Gehäusehälfte abbauen. Dazu die 14 Schrauben lösen.
● Die Magnetscheibe entfernen.

Achtung: Magnetscheibe nicht fallen lassen, da diese zerspringt.
● Die Sicherungsringe von der Führungshülse-Schaltwelle und Schaltgabel 1./2. Gang abnehmen (Bild 187).
Die Führungshülse abziehen.
● Die beiden Getriebewellen mit den Schaltgabeln und dem Rückwärtsgangrad gleichzeitig aus dem Gehäuse heben.
● Die Schaltsperrplatte herausnehmen.
● Das Ausgleichgetriebe aus dem Gehäuse nehmen.
● Das Rollenlager der Hauptwelle nur im Schadenfall ausbauen.
Dazu den Kunststoffkäfig zerstören. Die Lagerrollen und den Käfig herausnehmen.
Den Öltrichter mit einer Zange herausziehen.
Den Lagerlaufring mit dem Werkzeug 16-021 und dem Schlaghammer 15-053 demontieren.
Das Lager kann nicht mehr verwendet werden.
● Den Radialdichtring der Antriebswelle heraushebeln.
● Dichtring der Abtriebswelle ausbauen.
● Die Lagerlaufringe des Differentials ausbauen.

Hauptwelle zerlegen
● Das Kugellager der Hauptwelle entsichern und den Sprengring am Aussenring anbringen.
● Mittels Abzieher das Kugellager demontieren (Bild 188).
Das Lager darf nicht mehr verwendet werden.
● Das Zahnrad des 4. Gangs von Hand abziehen.
● Den Sicherungsring des Synchronträgers 3./ 4. Gang abnehmen.
● Den Synchronträger mitsamt dem 3. Gangrad abnehmen.
● Den dreiteiligen Haltering des Synchronträgers 1./2. Gang abnehmen.
● Den Synchronträger mit dem 1. Gangrad abziehen.
Schaltmuffe mit den Synchronteilen zerlegen (Bild 189).
● Die Schaltmuffe abziehen.
● Die Synchronringe abnehmen.

- Die Haltefedern abnehmen.
- Die Sperrglieder entnehmen.

Beim Zusammenbau die Federn gemäss Bild 190 einsetzen.
Die Sperrglieder werden durch das Halteblech gesichert.
Die Haltefeder muss gegen den Sperriegel drücken und liegt zwischen Halteblech und Nabe (Bild 191).
- Die Nebenwelle kann nicht zerlegt werden, lediglich die Lager sind demontabel.

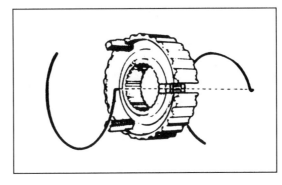

Bild 190
Einbaulage Feder

6.3 Hauptwelle zusammenbauen

- Alle Teile gründlich reinigen und defekte Teile ersetzen. Getrieberäder grundsätzlich im Satz ersetzen.
- Beim Einbau von Neuteilen müssen die Anlauf- und Laufflächen mit MoS_2 versehen werden, ebenfalls die Synchronringe.

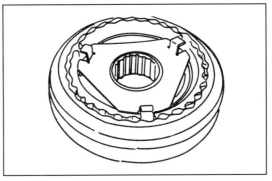

Bild 191
Halteblech

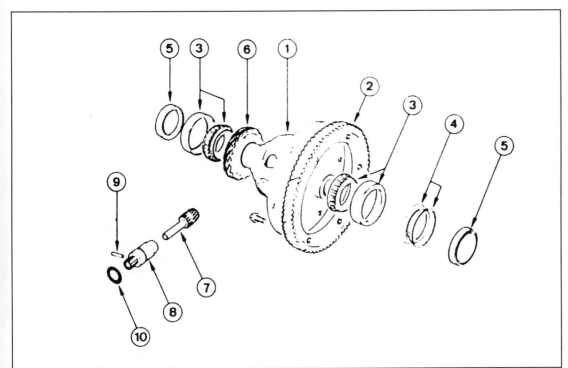

Bild 192
Teile des Ausgleichgetriebes
1 Gehäuse
2 Stirnrad
3 Kegelrollenlager
4 Tellerfeder
5 Radialdichtung
6 Schneckenrad
7 Tachoritzel
8 Ritzellager
9 Spannstift
10 O-Ring

- Die Sicherungs- und Sprengringe dürfen bei der Montage nicht überdehnt werden.
- Die Sicherungsringe sind in 5 verschiedenen Dicken erhältlich.
Immer den knapp passenden Ring verwenden.
- Die Nut in der Schaltmuffe 1./2. Gang muss zum zweiten Gang weisen.
- Alle Teile unter Beachtung der Hinweise aufschieben.
- Das Kugellager, Nut des Sprengringes nach oben weisend, aufpressen und sichern.

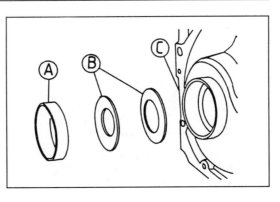

Bild 193
Einbau Aussenring
A Aussenring
B Tellerfeder
C Kleine Gehäusehälfte

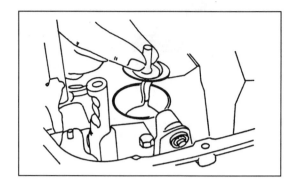

Bild 194
Öltrichter einbauen

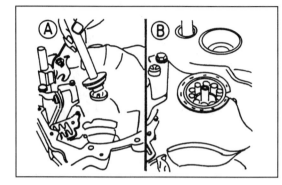

Bild 195
Rollenlager einbauen

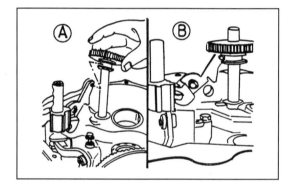

Bild 196
Zwischenrad einbauen

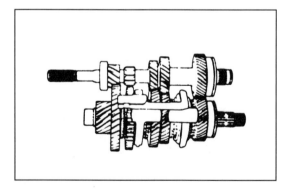

Bild 197
Zusammenstellung der Getriebewellen

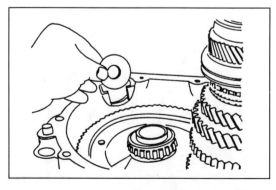

Bild 198
Magnetscheibe einsetzen

6.4 Ausgleichgetriebe zerlegen

Die Teile des Ausgleichgetriebes sind in Bild 192 gezeigt.
● Die Kegelrollenlager abziehen.
● Das Stirnrad vom Gehäuse abschrauben.
● Das Differential wird nicht zerlegt. Im Schadenfall komplett ersetzen.

6.5 Getriebe zusammenbauen

● Das Stirnrad auf das Differentialgehäuse montieren.
Dazu die Auflageflächen und die Gewinde säubern.
Für die Montage neue Schrauben verwenden.
● Die Kegelrollenlager aufpressen.
● Die Aussenringe der Kegelrollenlager in die Gehäuse einbauen.
Den Lagerring der kleinen Gehäusehälfte gemäss Bild 193 einbauen.
● Die Aussenringe mit Körnerschlag sichern.
● Die neuen Dichtringe der Abtriebswellen ins Gehäuse einbauen. Die Dichtlippen weisen zum Ölniveau und sind für die Montage einzufetten.
● Wenn das Rollenlager der Hauptwelle demontiert wurde, einen neuen Öltrichter einbauen (Bild 194).
● Das Rollenlager mit dem Werkzeug 16-020 einbauen (Bild 195).
Bei Lagern mit Kammkäfig muss der Käfigrücken nach unten weisen.
Mittels Durchschlag den Lagersitz des Aussenrings im Gehäuse verstemmen.
● Das Ausgleichgetriebe komplett in die grosse Gehäusehälfte einbauen. Die Lager vorgängig mit Getriebeöl schmieren.
● Das Zwischenrad des Rückwärtsgangs auf die Achse schieben (Bild 196).
Dabei gleichzeitig den Schalthebel in die Schaltnut einführen.
● Die beiden Getriebewellen zusammenstellen (Bild 197). Die Schaltgabeln in die Nuten einsetzen.
Alles in das Getriebegehäuse einsetzen. An der Schaltsperrplatte vorbeiführen. Die Sperrplatte muss dabei im Uhrzeigerdrehsinn gedreht werden.
● Die Führungshülse der Schaltwelle einsetzen und die Schaltgabel 1./2. Gang mit den Sicherungsringen auf der Führungshülse festsetzen.
● Die Magnetscheibe in das Gehäuse einsetzen (Bild 198).
● Die kleine Gehäusehälfte mit neuer Dichtung aufsetzen.

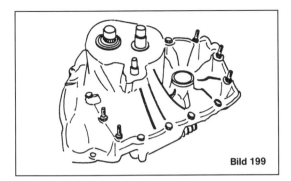

Bild 199

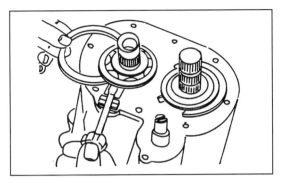

Bild 199 ◄
Schrauben des Gehäuses

Bild 200
Sprengring montieren

Dabei auf richtige Lage der Magnetscheibe achten.
● Das Gehäuse mit dem vorgeschriebenen Drehmoment festziehen.
Die Abtriebsräder des Differentials mit Abtriebswellenstummel gegen Verdrehen sichern.
Bild 199 zeigt die richtige Anordnung der Schrauben des Gehäuses.
● Die Sprengringe auf die Kugellager der Getriebewellen schieben (Bild 200).
Die Sprengringe sind in drei Stärken verfügbar. Den knapp passenden Ring verwenden.
● Das Gehäuse des 5. Gangs anbauen.
● Die Kerbverzahnung des Festrads 5. Gang mit der Paste Ford SAM-1C9107-A einstreichen.
Achtung: Die Markierungen auf dem Steg des Zahnrads und in der Zentrierbohrung müssen dieselbe Farbe haben.
● Das 5-Gangrad aufpressen. Dabei die Welle von unten abstützen.
● Den Sicherungsring mit dem Spezialwerkzeug 16-031 montieren (Bild 201).
Der Ring ist in drei Stärken verfügbar. Den knapp passenden Ring einbauen.
● Das Losrad 5. Gang zusammen mit der Schaltmuffe und der Schaltgabel montieren und absichern (Bild 202).
Der Sicherungsring ist in drei Stärken vorhanden.
Den knapp passenden Ring einbauen.
● Den Arretierstift und die Feder in das Gehäuse des 5. Gang einbauen. Die Hutmutter festziehen (Bild 203).
● Arretierstift und Feder in das Getriebegehäuse einsetzen und die Hutmuttern festziehen. Beide Arretiersysteme müssen vor der Einstellung des Schaltfingers montiert sein.
● Den Schaltfinger des 5. Gang einsetzen und wie folgt einstellen:
– Schaltwelle in Neutralposition.
– Schaltwelle 5. Gang nach unten drücken und im Uhrzeigerdrehsinn drehen.
– Mit der Schaltwelle den 5. Gang einlegen. Dazu die Schaltwelle im Uhrzeigerdrehsinn drehen und ganz herausziehen.
– Die Schaltmuffe mit Schaltgabel auf das Zahnrad des 5. Gangs schieben.

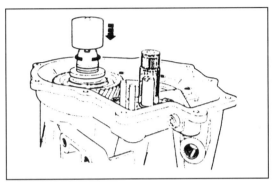

Bild 201
Sprengring montieren

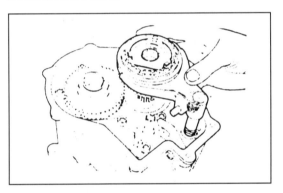

Bild 202
Losrad montieren

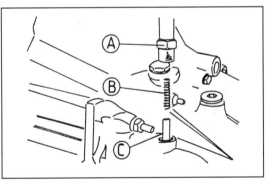

Bild 203
Arretierstift einbauen
A Hutmutter
B Feder
C Arretierstift

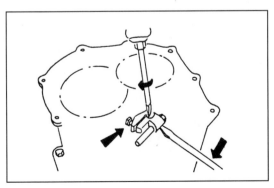

Bild 204
Schaltwelle drehen

- Die Schaltwelle nach unten drücken und im Uhrzeigerdrehsinn bis zum Anschlag drehen.
- Den Schaltfinger anheben, sodass das Spiel zwischen Sperrplatte 5. Gang und Stift des Schaltfingers beseitigt ist.
- Die Klemmschraube in dieser Position festziehen.

● Den Gehäusedeckel mit neuer Dichtung montieren.
● Die Schaltung auf Funktion prüfen. Dazu alle Gänge durchschalten.
● Die Kupplungsausrückwelle mit Gabel und Drucklager einbauen.
● Den Getriebeträger anbauen.

7 Getriebeautomat

Das von Ford eingebaute automatische Getriebe weicht im Aufbau von konventionellen Ausführungen ab. Bild 205 zeigt das automatische Getriebe.

Das CTX-Getriebe (CTX = Continuously Variable Transaxel) ist ein automatisches Getriebe mit stufenlosem Antrieb über den gesamten Geschwindigkeitsbereich.

Die Kraftübertragung vom Motor auf die Antriebswelle des CTX-Getriebes erfolgt nicht über einen Wandler, sondern über eine Mehrscheiben-Nasskupplung.

Das CTX-Getriebe wurde so konstruiert, dass sein Übersetzungsbereich einem 6-Gang-Getriebe gleichkommt.

Die stufenlose Kraftübertragung erfolgt über ein Stahlschubgliederband. Dieses hochfeste Band besteht aus schuppenförmigen Stahlelementen.

An dieser Stelle werden nur einfache Wartungs- und Einstellungsarbeiten beschrieben. Das Zer-

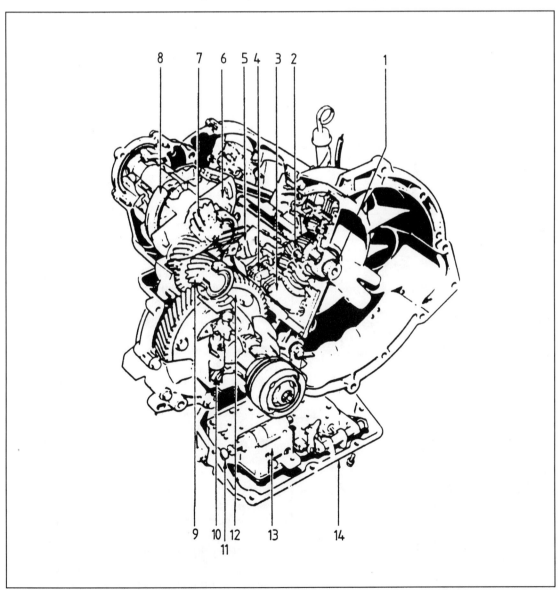

Bild 205
Automatisches Getriebe
1 Antriebswelle
2 Planetengetriebe
3 Rückwärtsgang-Kupplung
4 Vorwärtsgang-Getriebe
5 Primär-Kegelscheibenpaar
6 Sekundär-Kegelscheibenpaar
7 Reduziersatz
8 Stahlschubgliederband
9 Antriebsrad
10 Tachoritzel
11 Handwählschieber
12 Tellerrad
13 Hydraulisches Steuergehäuse
14 Ölwanne

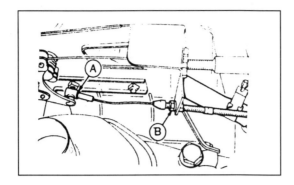

Bild 206
Betätigungszug demontieren
A Clip
B Mutter

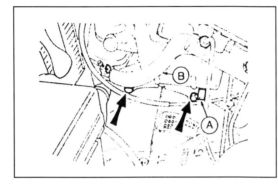

Bild 207
Halter Gaszug demontieren
A Klammer
B Heisswasserschlauch

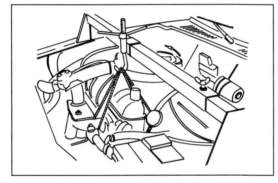

Bild 208
Motor anheben

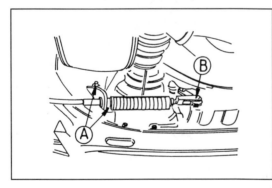

Bild 209
Schaltzug vom Getriebe abbauen
A Mutter M10
B Sicherungsbolzen

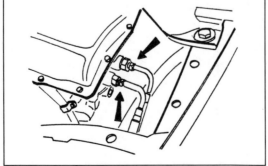

Bild 210
Ölleitungen zum Ölkühler

legen des Getriebes und dessen Revision sind Arbeiten, welche nebst dem Vorhandensein spezieller Werkzeuge und Prüfvorrichtungen, Erfahrung und sehr viel Fachkenntnis voraussetzen.
Solche Arbeiten sollten dem Spezialisten überlassen werden.

7.1 Aus- und Einbau des Getriebes

● Das Massekabel der Batterie abklemmen.
● Am Kurvenscheiben-Betätigungszug den Clip entfernen.
Die innere Mutter abschrauben und den Zug aushängen (Bild 206).
● Den Heisswasserschlauch aus der Klammer am Halter des Gaszugs aushängen.
● Den Halter des Gaszugs vom Motor und Getriebe abbauen (Bild 207).
● Die Tachosaite vom Getriebe abbauen.
● Die Motorhaltevorrichtung 21-060 montieren und den Motor leicht anheben (Bild 208).
● Das Fahrzeug anheben.
● Das Getriebeöl ablassen.
● Den Schaltzug vom Getriebe abbauen (Bild 209).
● Den Anlasser demontieren.
● Das Abdeckblech der Schwungscheibe vom Getriebe abbauen.
● Alle elektrischen Verbindungen zum Getriebe trennen.
● Die Kugelgelenke der beiden Querlenker von den Federbeinen trennen.
● Die beiden Antriebswellen aus dem Getriebe herausheblen und anschliessend hochbinden.
● Die Ölleitungen zum Ölkühler vom Getriebe abschrauben. Die entstandenen Öffnungen sofort wieder verschliessen (Bild 210).
● Die Öffnungen des Getriebes mit Wellenstummeln verschliessen.
● Den Getriebeträger von der Karosserie abschrauben.
● Den Motor mit Getriebe soweit als möglich ablassen.
● Das Getriebe von unten abstützen (Bild 211).
● Das Getriebe abflanschen.
● Den Heber ablassen und das Getriebe entnehmen.

Einbau:
● Vor dem Einbau die Verzahnung der Antriebswelle und die Verzahnung des Drehschwingungsdämpfers reinigen.
Den Dichtring mit Abdeckband abkleben und die Verzahnung hauchdünn mit Molykote 321 R einsprühen. Abklebung anschliessend entfernen.

Es darf kein anderes Schmiermittel verwendet werden.
- Das Getriebe auf den Heber aufsetzen. Dabei die Ölwanne des Getriebes nicht beschädigen.
- Das Getriebe anheben und aufstecken.
- Das Getriebe anflanschen.
- Den Heber entfernen und den Motor mit Getriebe anheben.
- Den Getriebeträger an der Karosserie festschrauben.
- Das Abdeckblech der Schwungscheibe anbauen.
- Die Abtriebswellen mit neuen Sicherungsringen versehen und in das Getriebe einsetzen. Die Stummel soweit eindrücken, bis die Federringe einschnappen.
- Den restlichen Einbau in umgekehrter Reihenfolge des Ausbaus vornehmen.
- Den Schaltzug einstellen:
- Den Wählhebel in Position P stellen.
- Die Handbremse festziehen.
- Den Betätigungszug auf Leichtgängigkeit prüfen (Bild 212).
- Das Gaspedal in Vollgasstellung bringen.
- Die Kontermutter am Halter einige Umdrehungen lösen.
Beachte: Die Einstellmutter darf nicht verstellt werden.
- Die Aussenhülle des Zugs nach hinten ziehen.
- Die Staubkappe abziehen.
- Eine 1 mm starke Blattlehre zwischen Halter und Einstellmutter halten und die Mutter leicht andrehen. Die Lehre entfernen und die Kontermutter festziehen. Anzugsmoment 4,5 Nm.
- Die Staubkappe aufschieben.
- Die Batterie anschliessen.
- Getriebeöl auffüllen.

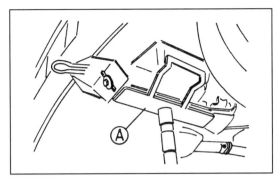
Bild 211
Getriebe abstützen

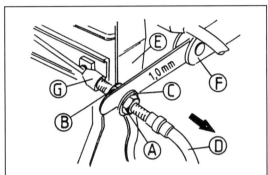
Bild 212
Einstellung Betätigungszug
A Einstellmutter
B Kontermutter
C Scheibe
D Staubkappe
E Halter
F Fühlerlehre (1.0)
G Staubkappe

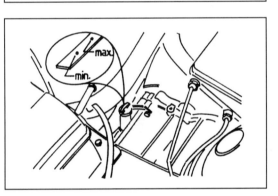
Bild 213
Getriebeölstand

7.2 Getriebeölstand prüfen

Der genaue Getriebeölstand kann nur bei Betriebstemperatur überprüft werden (Öltemperatur 65°C).
Das Fahrzeug in der Wählhebelstellung D warmfahren.
Vor der Probefahrt sicherstellen, dass der Min-Ölstand vorhanden ist.

Prüfung:
- Fahrzeug auf ebene Fläche stellen.
- Wählhebel in Position P bringen.
- Den Motor im Leerlauf drehen lassen.
- Den Messstab herausziehen und mit fusselfreiem Lappen abwischen.
- Den Stab zur Messung wieder bis zum Anschlag einschieben und herausziehen.
Am Messstab muss das Niveau bei der Max-Marke liegen (Bild 213).
- Durch das Ölmessrohr das Niveau mit dem vorgeschriebenen Öl ergänzen.
Zu verwendendes Getriebeöl: FORD ESP-M2C 166-H
Das Getriebeöl muss alle 40 000 km ersetzt werden.
- Bei der Ölstandskontrolle ist gleichzeitig der Zustand des Öls und des Getriebes zu prüfen:

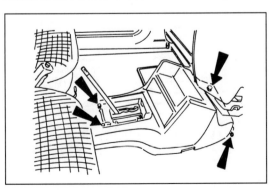
Bild 214
Befestigung der Konsole

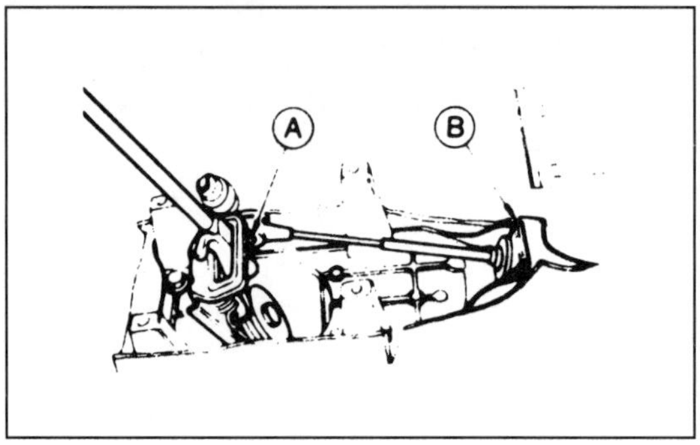

Bild 215
Seilzug ausbauen
A Befestigung Schaltseilzug an Wählhebel
B Befestigung Schaltseilzug an Gehäuse

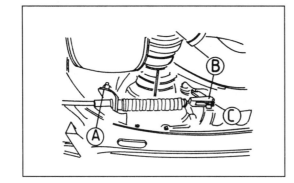

Bild 216
Seilzug vom Getriebe abbauen
A Befestigung am Getriebe
B Befestigung an der Schaltwelle
C Schaltwellen-Position P

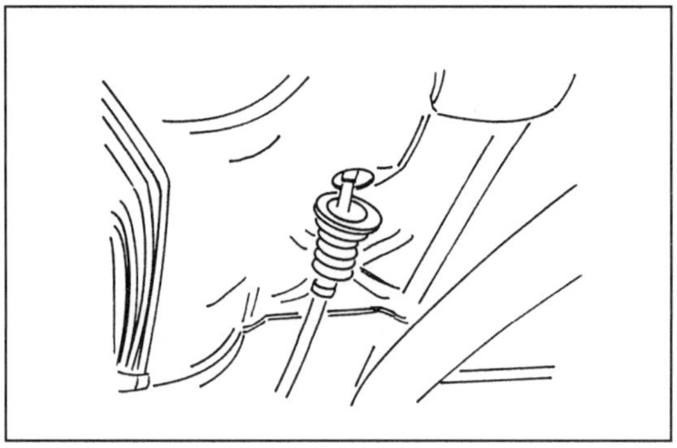

Bild 217
Durchführung des Seilzugs

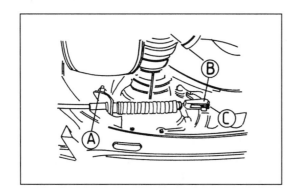

Bild 218
Seilzug einbauen

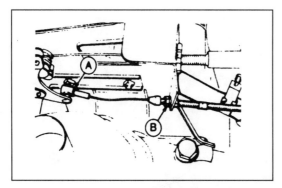

Bild 219
Seilzug demontieren
A Clip
B Innere Mutter

Bild 220 ▶
Seilzug abbauen
A = innerer Seilzug

– Normal: Öl sauber und rot.
– Verbrannt und dunkel verfärbt: Die Kupplungen sind verbrannt. Das Getriebe austauschen.
– Feste Rückstände im Öl: (Metallabrieb) Getriebe ausbauen und austauschen.
– Verharzt, klebrig: Getriebe austauschen.
Der Ölkühler und die Leitungen sind jeweils mit zu ersetzen.

7.3 Schaltseilzug ersetzen

● Den Wählhebel in Position L legen.
● Den Knopf des Wählhebels abdrehen und die Abdeckung der Schaltkulisse abziehen.
● Die Konsole ausbauen (Bild 214).
● Wählhebel in Stellung P legen.
● Die Schaltkulisse ausbauen.
● Den Schaltseilzug durch Abdrücken der Kunststofföse mittels Schraubenzieher abbauen (Bild 215).
● Die Halterung des Seilzugmantels vom Gehäuse abbauen.
● Das Fahrzeug anheben.
● Den Seilzug vom Getriebe abbauen (Bild 216).
● Die Gummidurchführung aus dem Wagenboden ziehen und den Schaltzug abnehmen (Bild 217).

Einbau:
● Den Seilzug durch das Loch in der Bodengruppe führen und die Gummitülle montieren.
● Das Fahrzeug auf die Räder stellen.
● Den Seilzug gemäss Bild 218 am Wählhebel befestigen.
Dabei muss der ringförmige Wulst zum Bolzenende weisen.
Mit der Zange aufpressen, bis die Öse merkbar einrastet.
● Die Zughülle am Gehäuse befestigen.
● Die Konsole mit Schaltkulisse und Abdeckung montieren.
Den Wählhebelknopf aufschrauben.
● Den Wählhebel auf P stellen.

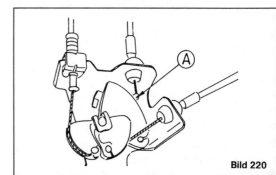

- Das Fahrzeug anheben und den Seilzug am Getriebe befestigen.
- Den Schaltseilzug einstellen:
- Sicherstellen, dass sich der Wählhebel am Getriebe in Position P befindet. Die Räder sind blockiert.
- In dieser Stellung muss sich der Bolzen des Gabelstücks leicht einschieben lassen.

Wenn erforderlich, die Stellung am Halter des Seilzugmantels korrigieren (Bild 219).

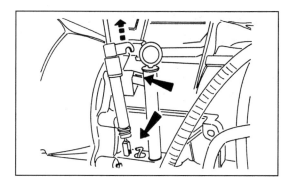

Bild 221
Gestänge vom Seilzug trennen

7.4 Kurvenscheiben-Betätigungszug ersetzen

- Den Minuspol der Batterie abschliessen.
- Den Ansauggeräuschdämpfer ausbauen und den Tachoantrieb an der Überwurfmutter lösen.
- Den Seilzug vom Seilzughalter abbauen (Bild 220).
- Den Seilzug vollständig in die Hülle schieben.
- Den Halter der Hülle-Seilzug vom Getriebe abbauen.

Dabei das Gestänge an der Verbindung zum Seilzug trennen (Bild 221).
- Den Seilzug abnehmen.
- Den kompletten, neuen Zug in umgekehrter Reihenfolge einbauen.

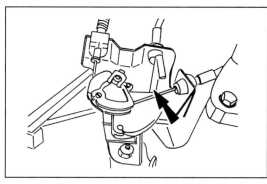

Bild 222
Spezialwerkzeug 23-019 einbauen

Einbau:
- Den neuen Zug in umgekehrter Reihenfolge einbauen.
- Den Seilzug wie folgt einstellen:

Die Nachstellvorrichtung im Seilzug von Hand ganz einschieben.
Das Spezialwerkzeug 23-019 einsetzen (Bild 222).
Die Kurvenscheibe drehen, bis das Werkzeug eingerastet werden kann.
Die Kurvenscheibe drehen, bis die Drosselklappe gerade anspricht.
In dieser Stellung muss das Spiel zwischen Leerlaufanschlag und Kurvenscheibe am Halter 1 bis 2 mm betragen (Bild 223).
Die rote Entriegelungsleiste der automatischen Einstellvorrichtung eindrücken, bis der Seilzug vollständig entspannt ist. Dabei wird ein Klicken hörbar (Bild 224).
Die Kurvenscheibe des Seilzughalters soweit drehen, bis das Einstellwerkzeug 23-019 in die vorgesehene Bohrung eingesetzt werden kann oder der Gaszug den Weg begrenzt. Das Werkzeug ausbauen und die Kurvenscheibe loslassen.
Die Nachstellvorrichtung rastet hörbar ein, mindestens 2 maximal 19 Zähne.

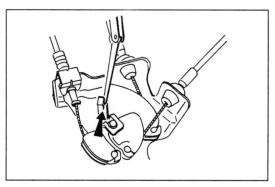

Bild 223
Spiel Kurvenscheibe zu Anschlag

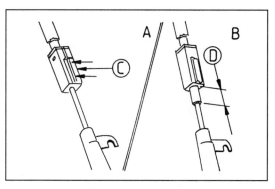

Bild 224
Entriegeln der Nachstelleinrichtung
A Seilzug gespannt
B Seilzug entspannt
C Entriegelungsleiste
D Überstand (entriegelt)
min. 20 mm vor und 10 mm nach Einstellung

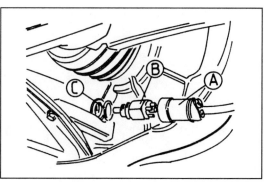

Bild 225
Schalter auswechseln

7.5 Schalter Schaltsperre ersetzen

- Den Minuspol der Batterie abschliessen.
- Das Fahrzeug anheben.
- Das Kabel vom Schalter abziehen.
- Den Schalter ausschrauben und den neuen mit neuem O-Dichtring einsetzen (Bild 225). Achtung: Ölaustritt.
- Den Getriebeölstand ergänzen und die Kabelverbindung erstellen.

8 Abtriebswellen

Die Abtriebswellen übertragen die Antriebskraft auf die Vorderräder. Sie bestehen aus je zwei homokinetischen Gelenken, die durch eine Stahlwelle miteinander verbunden sind.
Das innere Gelenk besitzt einen Wellenstummel mit Kerbverzahnung, der in das Ausgleichsgetriebe des Achstriebs eingreift.
Das äussere Gelenk treibt über den Keilbahnstummel die Radnabe an.
Die Gelenke reagieren auf Schmutz und Wasser sehr empfindlich.
Bei defekten Gummibälgen ist die Welle deshalb komplett zu ersetzen, da bis zur Feststellung des Schadens bereits Wasser und Schmutz eingedrungen sind.
Das Werk schreibt den Ersatz der Wellen alle 80 000 km vor.

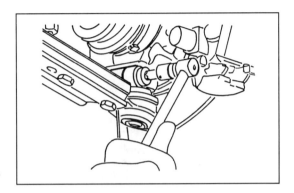

Bild 226
Federbein vom Querlenker trennen

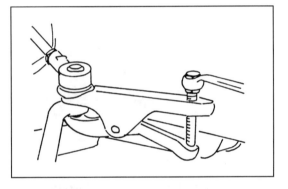

Bild 227
Endstück vom Lenkhebel trennen

8.1 Abtriebswellen ersetzen

- Die Vorderräder demontieren.
- Die Achswellenmutter an der Radnabe entsichern.
- Mit der Fussbremse die Räder blockieren und die Achswellenmuttern lösen.
- Das Federbein vom Querlenker trennen (Bild 226).
- Das Spurstangen-Endstück vom Lenkhebel trennen (Bild 227).
- Die Abtriebswelle aus dem Getriebe ziehen (heraushebeln).
- Das Federbein nach aussen ziehen und die Welle aus der Nabe nehmen.

Einbau:
- Die Abtriebswelle in die Radnabe einsetzen.
- Die Welle (mit neuem Sprengring) in die Verzahnung des Getriebes einsetzen und vollständig eintreiben, bis der Sprengring merkbar einrastet.
Dabei darf nur an der Schweissnaht eingetrieben werden.
- Den übrigen Einbau in umgekehrter Reihenfolge der Demontage durchführen. Dabei die Anzugsmomente beachten.

9 Vorderradaufhängung

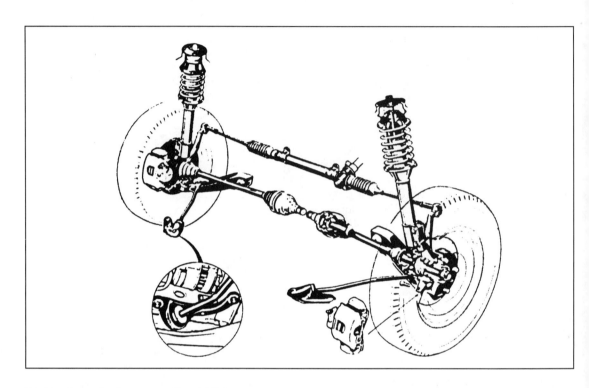

Bild 228
Vorderradaufhängung

Die Vorderradaufhängung (Bild 228) besteht aus Federbeinen, die an Querlenkern unten längs und quer geführt werden. Oben stützen sich die Federbeine über elastische Lager in den Radhäusern ab.
Einige Ausführungen besitzen einen Stabilisator, der die Querlenker elastisch miteinander verbindet.

Die Querlenker sind drehbar mit dem Fahrzeugunterbau über Gummielemente verbunden (Bild 229).

9.1 Radlager vorne ersetzen

Das Schwenklager ausbauen:
- Die Vorderräder demontieren.
- Die Achswellenmutter entsichern.
- Mit der Fussbremse die Radnaben blockieren und die Muttern lösen.
- Die Spurstangen von den Lenkhebeln trennen (Bild 230).
- Den Halter des Bremsschlauchs vom Federbein lösen.
- Den Bremssattel vom Schwenklager abbauen (Bild 231).
- Den Bremssattel mit Bindedraht hochbinden.
- Das Federbein vom Querlenker trennen (Bild 232).
- Die Befestigungsschraube der Bremsscheibe entfernen und die Bremsscheibe abnehmen.

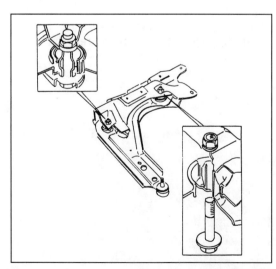

Bild 229
Lagerung der Querlenker

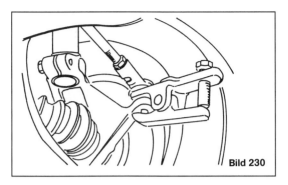

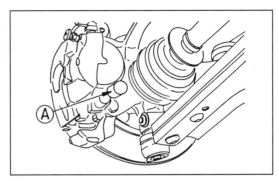

Bild 230 ◄
Spurstangen abdrücken

Bild 231
Bremssattel demontieren
A Schutzkappen

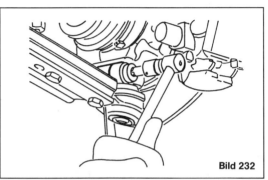

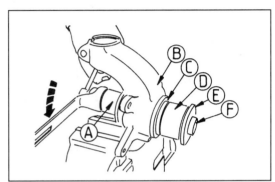

Bild 232 ◄
Federbein und Querlenker trennen

Bild 233
Äusseres Lager einziehen
A Spezialwerkzeug 15-033-01
B Schwenklager
C Lager
D Spezialwerkzeug 14-034
E Spezialwerkzeug 14-068
F Spezialwerkzeug 15-034

- Das Schwenklager abnehmen.
- Die freie Abtriebswelle mit Bindedraht hochbinden.

Das Schwenklager in den Schraubstock spannen.
- Den Radnabenflansch auspressen.

Dazu das Werkzeug 14-036 verwenden.
- Inneres und äusseres Lager mit Dorn austreiben.
- Das Schwenklager reinigen.

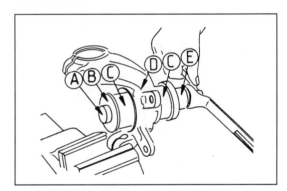

Bild 234
Inneres Lager einziehen
A Spezialwerkzeug 15-034
B Spezialwerkzeug 15-068
C Spezialwerkzeug 14-034
D Schwenklager
E Spezialwerkzeug 15-033-01

Lager-Einbau:
- Dazu müssen unbedingt die erwähnten Werkzeuge verwendet werden.
- Sobald das Lager montiert ist, dürfen der Innenring und der Dichtring nicht mehr verschoben werden.
- Das äussere Lager mit dem Werkzeug 15-033-01 gemäss Bild 233 einziehen.
- Inneres Lager gemäss Bild 234 einziehen.
- Die Radnabe gemäss Bild 235 einziehen.

Dazu die Werkzeuge 15-033-01/15-068/15-034 verwenden.
- Nach Demontage des Werkzeugs muss die Nabe sofort mit dem Werkzeug 14-036, wie in Bild 236 dargestellt, gesichert werden.

Der Zusammenbau erfolgt in umgekehrter Reihenfolge der Demontage.
Dabei sind die Anzugsmomente zu beachten.

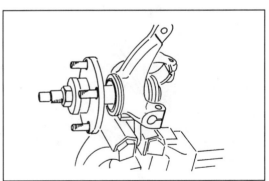

Bild 235
Nabe einziehen

9.2 Querlenker ersetzen

- Entsprechendes Vorderrad demontieren.

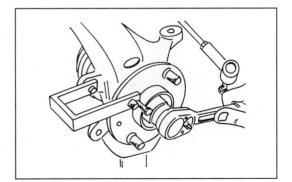

Bild 236
Nabe sichern

● Die Klemmschraube des Kugelgelenks-Federbein lösen und entnehmen.
● Den Querlenker vom Federbein trennen.
● Die zwei Schrauben, die den Querlenker am Halter befestigen, lösen (Bild 237).
● Den Querlenker herausziehen.

Einbau:
● Der Einbau erfolgt in umgekehrter Reihenfolge.
● Zuerst den Querlenker am Halter mit dem vorgeschriebenen Drehmoment festziehen. Nachher das Kugelgelenk mit dem Federbein verbinden.

9.3 Kugelgelenk des Querlenkers ersetzen

● Den Querlenker wie oben beschrieben ausbauen.
● Das Kugelgelenk vom Querlenker abschrauben.
● Das neue Gelenk anbauen und den Querlenker wieder einbauen.

9.4 Federbein aus- und einbauen

● Das entsprechende Vorderrad demontieren.
● Die obere Befestigungsmutter des Federbeins lösen, jedoch nicht abnehmen (Bild 238).
● Dazu die Kolbenstange des Federbeins mittels Inbusschlüssel gegenhalten.
● Den Halter des Bremsschlauchs vom Federbein lösen.
● Das Kugelgelenk der Zugstange-Stabilisator wo vorhanden vom Federbein abbauen.
● Den kompletten Bremssattel vom Schwenklager abschrauben und mit Bindedraht hochbinden.
● Die Klemmschraube Schwenklager-Federbein entfernen (Bild 239).
● Das Werkzeug 14-026 in die Nut des Schwenklagers einsetzen und um 90° drehen.
● Das Schwenklager herunterziehen und vom Federbein trennen.
● Die Befestigungsmutter oben vollständig entfernen und das Federbein entnehmen.
Der Einbau erfolgt in umgekehrter Reihenfolge. Dabei die Anzugsmomente beachten und einhalten.

9.5 Federbein zerlegen und zusammenbauen

● Den Federspanner MS-1516 in den Schraubstock spannen und das Federbein gemäss Bild 240 einsetzen.
● Die Feder spannen, bis sie in den Auflagen frei wird.
Darauf achten, dass die Feder korrekt in den Pratzen sitzt.
● Die obere Befestigungsmutter der Kolben-

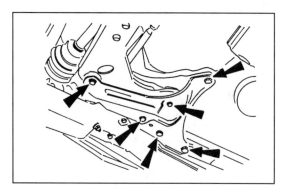

Bild 237
Befestigung des Querlenkers am Halter

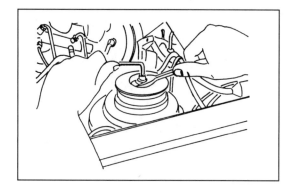

Bild 238
Federbein oben lösen

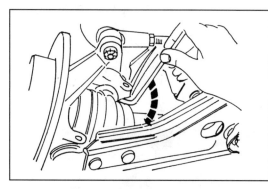

Bild 239
Klemmschraube Federbein

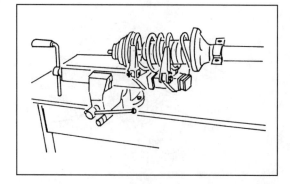

Bild 240
Federbein aufnehmen

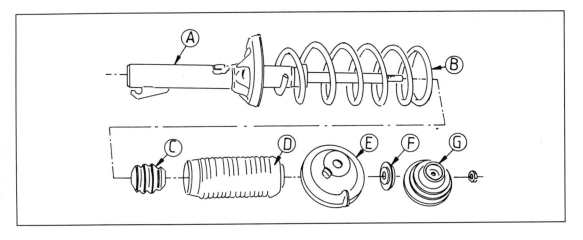

Bild 241
Teile des Federbeins
A Federbein
B Feder
C Gummipuffer
D Staubmanschette
E obere Federauflage
F Lager
G Tellerscheibe

stange entfernen.
- Das obere Lager abnehmen.
- Die Feder und die Staubmanschette entfernen.

Das Federbein kann nicht weiter zerlegt werden. Die Teile des Federbeins sind in Bild 241 gezeigt.

Zusammenbau:
- Das Federbein in die gespannte Feder einlegen. Darauf achten, dass das Federende richtig in der Auflage sitzt.
- Die restlichen Teile auflegen und die Mutter aufdrehen.
- Den oberen Teller der Feder entsprechend ausrichten.
- Die Mutter festziehen.
- Die Feder entspannen.

10 Hinterachse

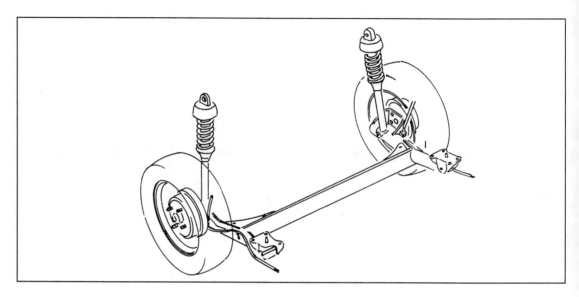

Bild 242
Hinterachse

Die Hinterachse (Bild 242) besteht aus zwei Längslenkern, die durch eine Traverse miteinander verbunden sind. Diese Traverse kann sich in einem genau berechneten Mass verwinden.
Die Längslenker stützen sich über Federbeine an der Karosserie ab. Die Lagerung der Lenker besteht aus elastischen Gummibuchsen, welche über Supports mit dem Fahrzeugunterbau verbunden sind.

10.1 Hinterachse aus- und einbauen

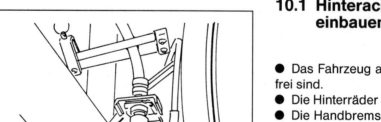

Bild 243
Bremsschlauch abklemmen

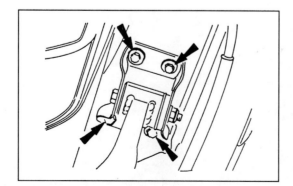

Bild 244
Vorderer Support

- Das Fahrzeug anheben, bis die Hinterräder frei sind.
- Die Hinterräder demontieren.
- Die Handbremse am vorderen Seilzug trennen.
Die Federklammer, Bolzen, und die Einstellvorrichtung von der Bodengruppe abbauen.
- Die Kraftstoffleitungen trennen (wieder verschliessen).
- Den Bremsschlauch der Hinterradbremsen mit einer Schlauchklemme abklemmen (Bild 243).
- Den Bremsschlauch vom starren Teil der Bremsleitung trennen.
- Die Achse abstützen und die Supports der vorderen Gummigelenke von der Bodengruppe abschrauben (Bild 244).
- Die Befestigungsschrauben Federbein-Längslenker entfernen (Bild 245).
- Die Hinterachse absenken und hervorziehen.

● Die obere Befestigung der Federbeine lösen und die Federbeine abnehmen.
Achtung: Nicht die zentrale, sondern die seitlichen Schrauben entfernen.
Der Einbau erfolgt in umgekehrter Reihenfolge des Ausbaus.
Die Gummilager sind im belasteten Zustand festzuziehen.
Das Bremssystem ist anschliessend zu entlüften. Siehe Kapitel Bremsen.
Das Handbremsseil ist einzustellen. Siehe Kapitel Bremsen.

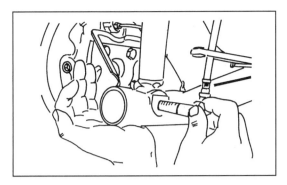
Bild 245
Befestigung Federbein unten

10.2 Radlager hinten ersetzen/einstellen

● Das Fahrzeug hinten anheben.
Achtung: An den Wagenhebepunkten der Karosserie ansetzen.
Auf keinen Fall an der Hinterachse selbst.
● Die Räder demontieren.
● Die automatische Nachstellvorrichtung durch die Bremsankerplatte lösen.
● Die äussere Fettkappe von der Bremstrommel abziehen.
Beachte: Die Kappe muss zur Demontage zerstört, und durch eine neue ersetzt werden.
● Die Nabenmutter demontieren (Bild 246).
Achtung: Die Muttern haben Rechts- und Linksgewinde, Linksgewinde an der linken Nabe.
● Die Radnabe mit der Bremstrommel abziehen.
● Den Radialdichtring mit dem Spezialwerkzeug aus der Nabe heraushebeln (Bild 247).
● Das Kegelrollenlager entnehmen.
● Die Lagerlaufringe austreiben. Dabei muss die Bohrung unbeschädigt bleiben.
● Die Nabe fettfrei reinigen.

Einbau:
● Die neuen Lagerlaufringe in die Nabe einpressen (Bild 248).
Dazu muss das Werkzeug 15-051 verwendet werden.
Die Ringe müssen vollständig am Bund anliegen.
● Inneres Lager schmieren und einsetzen.
● Den neuen Dichtring mit dem Werkzeug 14-028 einsetzen (Bild 249).
● Das äussere Lager schmieren und einsetzen.
● Die Nabe mit der Bremstrommel auf den Achsstummel aufsetzen und die Nabenmutter mit dem vorgeschriebenen Drehmoment festziehen.
● Die neue Fettkappe montieren.
Die Radlagerung ist so konzipiert, dass sich das Lagerspiel bei Montage selbständig einstellt.

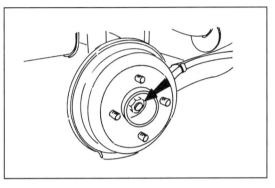
Bild 246
Nabenmutter

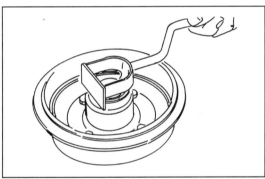
Bild 247
Dichtring demontieren

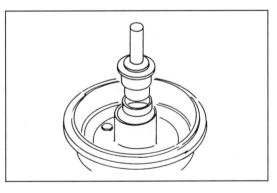
Bild 248
Laufring einbauen

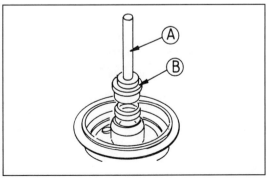
Bild 249
Dichtring einbauen
A Werkzeug 14-028
B Dichtring

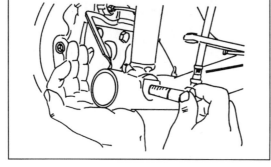

Bild 250
Untere Befestigung

Bild 251 ▶
Obere Befestigung

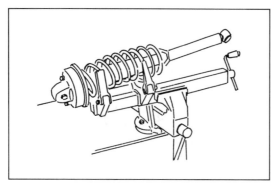

Bild 252
Federspanner

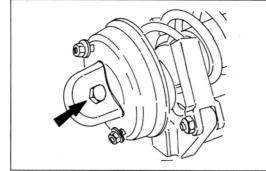

Bild 253
Querschraube oben

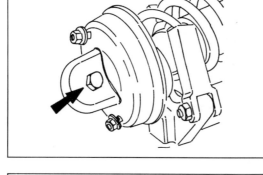

Bild 254
Teile des Federbeins
A Federteller oben
B Stützteller
C Stossdämpfer
D Schraubenfeder

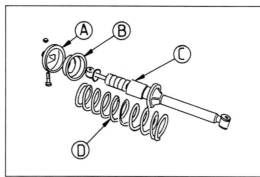

Bild 255
Buchse austreiben

Bild 256 ▶
Einbaulage der Buchse
A Linke Seite
B Rechte Seite

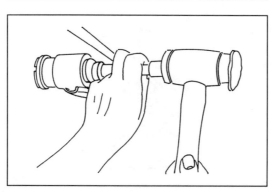
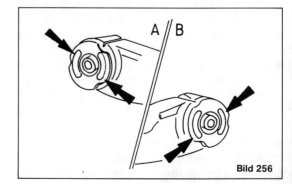

Dazu müssen die Lager an einem Rad vom selben Hersteller sein. Achsstummel und Nabe müssen unbeschädigt sein.
● Das Hinterrad montieren und die Fussbremse mehrmals betätigen, damit sich die Bremse einstellt.

10.3 Stossdämpfer hinten ersetzen

● Das Fahrzeug hinten anheben (Karosserie).
● Die Verkleidung aus den Radkasten entfernen.
● Die Befestigungsschrauben der unteren Stossdämpferbefestigung demontieren (Bild 250).
● Die obere Befestigung abnehmen (Bild 251).
● Das Federbein entnehmen.

Federbein zerlegen:
● Den Federspanner 14-018 in den Schraubstock spannen (Bild 252).
● Das Federbein in das Werkzeug einsetzen.
● Die Feder spannen, bis sie frei liegt.
● Die obere Querschraube entfernen und den Federteller mit der Feder abnehmen (Bild 253). Den Stossdämpfer entnehmen.
● Den neuen Dämpfer einsetzen und das Federbein zusammenstellen (Bild 254).
● Die Querschraube einsetzen und festziehen.
● Die Feder entspannen. Dabei auf die richtige Lage der Federenden in den Auflagen achten.

- Das Federbein wieder einbauen.
- Die Befestigungen mit dem vorgeschriebenen Moment in belastetem Zustand festziehen.

10.4 Gummibuchse der Hinterachse ersetzen

- Die Hinterachse ausbauen.
- Die Supports der Lagerungen abschrauben.
- Die Buchse mit einem Dorn austreiben (Bild 255).
- Die neue Buchse mit dem Werkzeug 15-084 einziehen.

Dabei auf die richtige Lage der Buchse achten, siehe Bilder 256 und 257.

- Die Supports wieder anbauen, jedoch nicht festziehen.
- Die Hinterachse einbauen und die Lagerungen in belastetem Zustand festziehen.

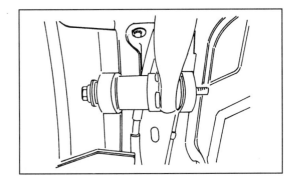

Bild 257
Buchse mit Werkzeug einbauen

11 Lenkung

Die Zahnstangenlenkung ist vorne, unten an der Karosserie angebracht. Sie wird vom Lenkrad über die Gelenkwelle betätigt. Die Übersetzung ist linear ausgelegt. Über die beiden Spurstangen ist sie mit den Lenkhebeln der Federbeine verbunden (Bild 258).

11.1 Lenkung aus- und einbauen

● Die Lenkung in Geradeausstellung drehen.
● Die Klemmschraube des Lenkritzels lösen und entfernen (Bild 259).
● Die Spurstangen von den Lenkhebeln der Federbeine trennen (Bild 260).
● Die Mutter des unteren Servohalters lösen.
● Das Lenkgetriebe von der Spritzwand abschrauben.
● Das Lenkgetriebe an der rechten Fahrzeugseite aus dem Fahrzeug nehmen (Bild 261).

Einbau:
● Das Lenkgetriebe in das Fahrzeug einführen und in Einbaulage bringen.
● Das Lenkrad in Mittelstellung drehen und die Lenkung in Mittelstellung bringen.
● Das Lenkritzel mit der Klemmverbindung der Lenkspindel so zusammenstecken, dass die Klemmschraube leichtgängig eingesetzt werden kann.
● Die Lenkung an der Spritzwand festschrauben.
● Die Mutter des unteren Servohalters festziehen (Bild 262).
● Die Spurstangen mit den Lenkhebeln verbinden.
● Die Klemmschraube der Verbindung Lenkung-Spindel festziehen.
● Die Spur einstellen. Siehe dazu Kapitel Radgeometrie.

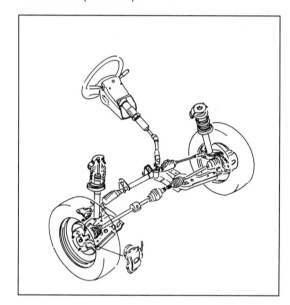

Bild 258
Lenkung

Bild 259
Klemmschraube

11.2 Gummimanschette ersetzen

Die Manschetten können bei eingebauter Lenkung ersetzt werden.
● Die entsprechende Spurstange vom Lenkhebel trennen.
● Das Spurstangenendstück von der Spurstange abdrehen.
Dabei die Anzahl Umdrehungen zählen.
● Die Manschette an den Klemmbriden Spurstange/Lenkung lösen (Bild 263).
● Die Spurstange reinigen und leicht mit Pneu-

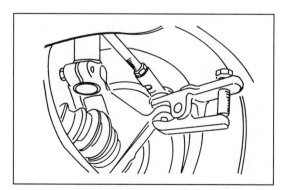

Bild 260
Spurstangen trennen

montierpaste einstreichen.
- Die neue Manschette aufziehen und mit neuen Briden befestigen.
- Den Spurstangenkopf mit der festgestellten Anzahl Umdrehungen aufdrehen.
- Die Spurstange mit dem Lenkhebel verbinden.
- Die Spur nach Kapitel Radgeometrie einstellen.

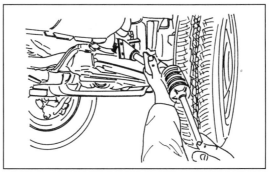

Bild 261
Lenkung entnehmen

11.3 Mantelrohr aus- und einbauen

- Den Minuspol der Batterie abklemmen.
- Wo vorhanden den Knopf des Choke-Zugs ausbauen.
- Die obere und untere Lenksäulenverkleidung abnehmen.
- Den Seilzug der Haubenentriegelung vom Hebel und Mantelhalter abnehmen.
- Den Mehrfunktionsschalter abbauen.
- Den Kabelstrang zum Zündschloss abklemmen.
- Die Zündschlossplatte demontieren (Bild 264).
- Die Klemmschraube der Verbindung Gelenkwelle-Lenkung ausbauen.
- Das Mantelrohr an den Haltern abschrauben.
- Das gesamte Mantelrohr mit Lenkrad nach oben ziehen und entnehmen.

Der Einbau erfolgt in umgekehrter Reihenfolge. Beim Verbinden der Gelenkwelle mit der Spindel auf die Geradeausstellung der Lenkung/Lenkrad achten.

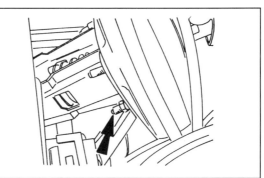

Bild 262
Untere Servobefestigung

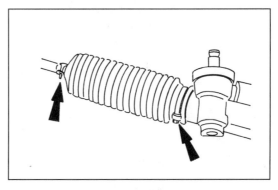

Bild 263
Manschette lösen

11.4 Lenkspindel aus- und einbauen

- Das Mantelrohr komplett ausbauen.
- Das Mantelrohr an der Lenksäule im Schraubstock mit weichen Backen einspannen.
- Die untere Führungsbüchse des Mantelrohrs ausbauen (Bild 265).
- Das Emblem aus dem Lenkrad entfernen.
- Die Mutter Lenkrad/Spindel entfernen.
- Den Zündschlüssel einstecken und auf die Stellung I drehen.
- Das Lenkrad zur Spindel markieren und abnehmen.

Beachte: Klemmt das Lenkrad, mit einem Messingdurchschlag einen harten Schlag auf die Spindel geben, worauf sich der Konus löst.

- Den Toleranzring der oberen Lagerung der Spindel abnehmen.

Bild 264
Platte demontieren

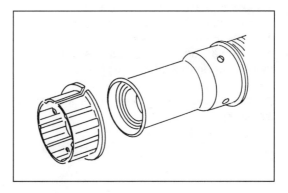

Bild 265
Führungsbüchse unten ausbauen

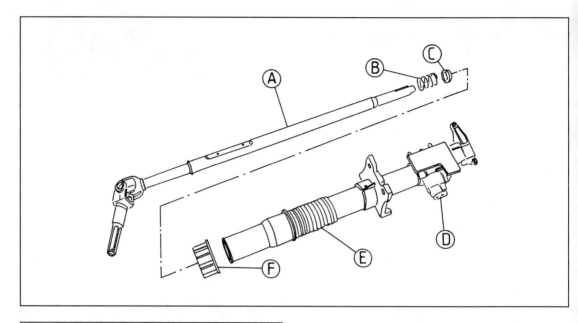

Bild 266
Lenksäule zerlegt
A Lenkspindel
B Feder
C Lager Mantelrohr
D Zündschloss
E Mantelrohr
F untere Führungsbüchse

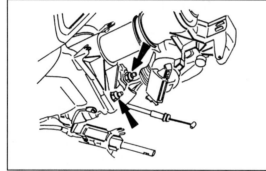

Bild 267
Befestigung der Lenksäule

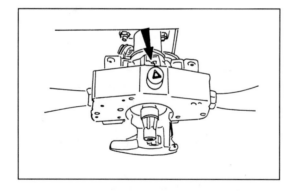

Bild 268
Mehrfunktionsschalter

● Die Lenkspindel vom Mantelrohr trennen.
● Den Sperrstift des Zündschlosses mit einem Durchschlag eindrücken und das Schloss am Schlüssel (Stellung I) herausziehen.
● Den unteren Toleranzring und die Feder von der Lenkspindel entfernen.
● Das untere und obere Lager aus dem Mantelrohr entfernen (Bild 266).
Einbau:
● Unteres und oberes Lager in das Mantelrohr einbauen.

● Feder und Toleranzring unter das Mantelrohrlager auf die Lenkspindel schieben.
● Den Schliesszylinder des Zündschlosses einsetzen, Stellung I des Schlüssels beachten.
● Den oberen Toleranzring auf die Lenkspindel ziehen.
● Das Lenkrad aufsetzen (Markierung beachten) und lose festschrauben.
● Eine neue untere Führungsbüchse in das Mantelrohr einbauen.
● Das vormontierte Mantelrohr in das Fahrzeug einsetzen.
Mit Hilfe eines zweiten Manns, die Klemmbride mit der Lenkung verbinden.
● Die Klemmschraube einsetzen, jedoch nicht festziehen.
● Das Mantelrohr lose festschrauben.
● Das Mantelrohr so plazieren, dass eine einwandfreie Abdichtung Führungslager/Halter gewährleistet ist.
● Das Mantelrohr und die Klemmbride festziehen (Bild 267).
● Den Kabelstrang und die Platte des Zündschlosses anbauen.
● Den Mehrfunktionsschalter anschliessen und anbauen (Bild 268).
● Den Choke-Zug wo vorhanden anbauen.
● Obere und untere Lenksäulenverkleidung montieren.
● Dazu Lenkrad in Lenkungsmittelstellung bringen.
Dazu die Umdrehungen von Anschlag zu Anschlag beachten.
● Das Lenkrad festziehen und das Emblem einsetzen.

12 Achsvermessung

Das exakte Vermessen der Radführungswinkel ist wichtig, da es Hinweise betreffend Mängel und Montagefehler liefert. Für diese Arbeit ist ein optisches Messgerät, wie zum Beispiel von Bosch vertrieben, Voraussetzung.
Steht ein solches Gerät nicht zur Verfügung, übergibt man diese Arbeit der Spezialwerkstätte. Die Einstellwerte finden sich in der Mass- und Einstelltabelle.

12.1 Messbedingungen

- Gleichmässiges und einwandfreies Reifenprofil.

- Der Reifendruck muss der Vorschrift entsprechen.

- Einwandfreie Felgen.

- Normales Radlager- und Gelenkspiel.

- Normallage des Fahrzeugs:

Kraftstofftank halb voll.
Das Fahrzeug mehrmals durchgefedert.

12.2 Messdaten Vorderachse

SPUR (alle Modelle)
0 ± 1,00 mm

Modell	NACHLAUF Tol.	STURZ Tol.
1,0/1,1 l Schaltgetriebe	0°23' 1°23'-- 37'	0°25' 1°40'-- 50'
1,1 l S-Modell	0°36' 1°36'-- 247'	0°22' 1°37'-- 53'
1,1 l CTX Getr. 1,4/1,6 l 1,8 l Diesel	0°18' 1°18'-- 42'	0°12' 1°27'-- 1°03'
1,1 l CTX Getr. 1,4/1,6 l 1,8 l Diesel S-Modelle	0°32' 1°32'-- 28'	0°08' 1°23'-- 1°07'
XR2i	0°45' 1°45'-- 15'	0°13' 1°28'-- 1°02'
max. Abweichung v. links nach rechts	1°0'	1°15'

13 Bremsanlage

Der Ford Fiesta ist auf Wunsch mit einem ABS-System erhältlich. Dabei treibt jedes Vorderrad eine Regeleinheit (Modulator) an.
Die Modulatoren regeln je einen Teil des diagonal geteilten Bremssystems.
Die Regeleinheiten sind über dem Getriebe beidseits angeordnet.
Sie werden durch die Zahnriemen von den Abtriebswellen des Getriebes angetrieben.
Das normale Bremssystem ist konventionell, diagonal geteilt, ausgelegt. Die Pedalkraft ist servounterstützt. Beide Systeme verwenden vorne Scheiben-, hinten Trommelbremsen.

13.1 Handbremse einstellen

Die Handbremse ist selbstnachstellend. Bei gelöster Handbremse das Bremspedal betätigen, um den Nachstellmechanismus in Funktion zu setzen.
Erfolgt keine Nachstellung, ist der Mechanismus nicht mehr gängig. Die Trommelbremse muss zerlegt und gereinigt werden. Siehe auch Handbremsseil ersetzen.

13.2 Bremsklötze vorne ersetzen

- Die Vorderräder demontieren.
- Die Halteklammer vom Kolbengehäuse entfernen (Bild 269).
- Die Führungsbolzen der Bremszange demontieren (Bild 270).
- Die Bremszange abziehen und hochbinden.
- Die Bremsklötze vom Träger abnehmen.

Der Bremsklotz auf der Kolbenseite ist mit einer Feder im Kolben eingehakt.

Einbau:
Vor dem Einbau den Zustand der Bremsscheiben prüfen. Riefige, korrodierte Scheiben demontieren und soweit möglich nacharbeiten. Diese Arbeiten immer achsweise durchführen.

- Den Bremsträger reinigen, damit die Beläge gängig sind.
- Mit der Kolbenrücksetzzange den Kolben vollständig zurückdrücken (Bild 271). Dabei den Vorratsbehälter beim Hauptbremszylinder beobachten. Überschüssige Bremsflüssigkeit absaugen.
- Den Bremsklotz mit der Feder in den Bremskolben einsetzen.
- Den äusseren Bremsklotz in den Träger einsetzen.
- Die Bremszange auf die Bremsscheibe schieben und die Führungsbolzen einschrauben. Das Anzugsmoment beachten.
- Das Bremspedal betätigen, bis die Klötze an der Scheibe anliegen.

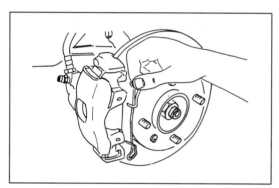

Bild 269
Halteklammer entfernen

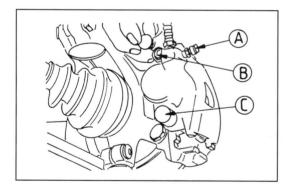

Bild 270
Befestigungsschrauben
A Gummistopfen
B Führungsbolzen

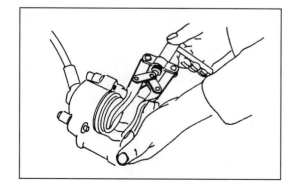

Bild 271
Kolbenrücksetzzange

13.3 Bremsbeläge hinten ersetzen

- Die Hinterräder demontieren.
- Die Nachstellvorrichtung durch die Bremsankerplatte zurückstellen (Bild 272).
- Die Befestigungsschrauben der Nabe lösen und die Bremstrommel samt Lagerung abnehmen (Bild 273).
- Die Backenrückhalter entfernen. Dazu den Blechdeckel um 90° drehen (Bild 274). Die Federn mit Stift abnehmen.
- Die Bremsbacken vom unteren Stützlager abnehmen.
- Die untere Rückzugfeder aushängen.
- Die Bremsbacken vom Radzylinder abnehmen.
- Die obere Rückzugfeder und den Handbrems-Zwischenhebel abnehmen.
- Die Sicherungsclips abnehmen und die Nachstellraste sowie Handbremsschwinghebel abnehmen.
- Das Handbremsseil aushängen.

Einbau:

Vor dem Einbau neuer Beläge die Bremstrommeln auf Verschleiss prüfen. Riefige, korrodierte Trommeln ersetzen.
Die Trommeln immer im Satz (achsweise) ersetzen.
Beachte dazu Kapitel Radlager hinten ersetzen.

- Die Nachstellraste und den Schwinghebel auf die Bremsbacken montieren. Darauf achten, dass die Teile gängig sind.
Die Drehpunkte mit Festkörper-Schmierstoff fetten.
- Das Handbremsseil am Schwinghebel einhängen.
- Die sechs Bremsbacken-Auflagen mit Festkörperschmierstoff leicht fetten (Bild 275).
- Die obere Rückzugfeder mit dem Handbremszwischenhebel montieren.
- Die Bremsbacken am Bremsträger ansetzen und auf die richtige Lage am unteren Stützpunkt und am Bremszylinder achten.
- Die untere Rückzugfeder einhängen.
- Die Haltestifte mit den Federn und dem Federteller anbauen.
- Die automatische Rückstellung vollständig zurückstellen, damit die Bremstrommeln montiert werden können.
- Die Bremstrommeln mit den Lagern aufsetzen.
- Die Bremstrommel mit der Nabe aufsetzen und an der Ankerplatte festschrauben.
- Das Bremspedal mehrmals betätigen, damit der Nachstellmechanismus in Funktion tritt.

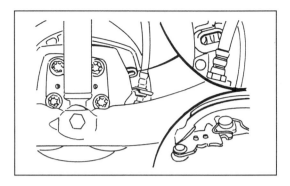

Bild 272
Nachstellvorrichtung

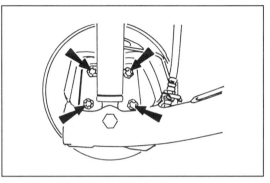

Bild 273
Bremstrommel mit Nabe abnehmen

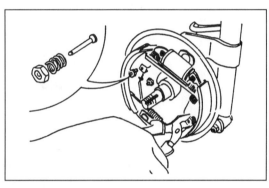

Bild 274
Rückhalter demontieren

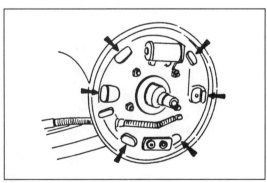

Bild 275
Auflagepunkt

13.4 Bremssattel vorn aus- und einbauen

- Die Vorderräder demontieren.
- Den Bremsschlauch mit einer Bremsschlauchklemme abklemmen.
- Den Bremssattel vom Federbein abschrauben (Bild 276).
- Den Bremssattel von der Bremsscheibe abziehen.

Bild 276
Bremssattel abschrauben

Der Bremsschlauch bleibt angeschlossen.
● Den Bremssattel hochbinden.
● Die Bremsscheibe von der Nabe abschrauben und abnehmen.

Einbau:
● Die Anlagefläche der Bremsscheibe säubern.
Passrost mit Schmirgeltuch entfernen. Neue Bremsscheiben an der Anlagefläche auf Unebenheiten prüfen und wenn vorhanden beseitigen.
● Die Bremsscheibe an der Nabe festschrauben.
● Mit den Radschrauben gemäss Bild 277 festziehen und mit der Messuhr den Seitenschlag der Scheibe prüfen.
Der Schlag darf 0,15 mm betragen.
● Den Bremssattel festschrauben.
Bei neuen Scheiben stets neue Bremsbeläge montieren.
● Die Vorderräder montieren.

● Den Bremsschlauch vom Bremssattel abschrauben.

Einbau:
● Den Bremsschlauch am Bremssattel festziehen.
● Den Bremssattel am Federbein festschrauben und dabei darauf achten, dass der Bremsschlauch nicht verdreht wird. Wenn erforderlich, die Halterung des Bremsschlauchs im Radhaus lösen und anpassen.
● Die Bremsen entlüften (siehe entsprechendes Kapitel).

13.5 Bremsscheibe vorne aus- und einbauen

● Die Vorderräder demontieren.
● Den Bremssattel vom Federbein abschrauben.

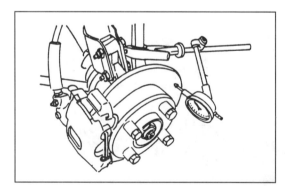

Bild 277
Bremsscheibe prüfen

13.6 Radbremszylinder hinten ersetzen

● Die Bremstrommeln demontieren.
Dazu von der Innenseite die Radnabe vom Ankerblech trennen.
● Den Bremsschlauch abklemmen.
● Die Bremsleitung vom Radzylinder abschrauben.
● Die Bremsbacken so auseinanderziehen, dass der Ratschenhebel sie vom Radzylinder abhebt.
● Den Zylinder von dem Bremsträger abschrauben (Bild 278).
● Den Zylinder entnehmen.
Undichte Radbremszylinder grundsätzlich durch Neuteile ersetzen.
● Einbau in umgekehrter Reihenfolge.
● Das Bremssystem anschliessend entlüften.
● Das Radlagerspiel wie vorstehend beschrieben einstellen.

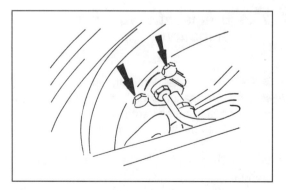

Bild 278
Zylinder abschrauben

13.7 Handbremsseil ersetzen

● Das Fahrzeug hinten anheben.
● Die Räder demontieren.
● Die Bremstrommeln demontieren.
● Das Handbremsseil an den Schwinghebeln aushängen und aus den Bremsträgern ausbauen.

- Gabelbolzen und Klammern vom Ausgleichbügel entfernen.
- Den Seilzug von der Bodengruppe abbauen.

Einbau:
- Den Seilzug an der Bodengruppe befestigen.
- Den Seilzug durch die Bremsträger führen und an den Schwinghebeln einhängen.
Den Bremsseilmantel am Bremsträger befestigen.
- Den Ausgleichbügel am vorderen Seilzug befestigen.
- Die Bremstrommeln montieren.
- Folgende Grundeinstellung vornehmen:
Bei gelöster Handbremse die Fussbremse betätigen, um die Bremsbacken in die Grundstellung zu bringen.
Das Handbremsseil soweit einstellen, dass sich die Prüfstifte 0,5 bis 2,0 mm bewegen lassen (Bild 279).
- Räder montieren.

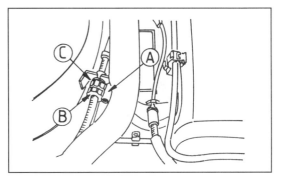

Bild 279
Bremsseil einstellen
A Sicherungsstift
B Kontermutter
C Einstellmutter

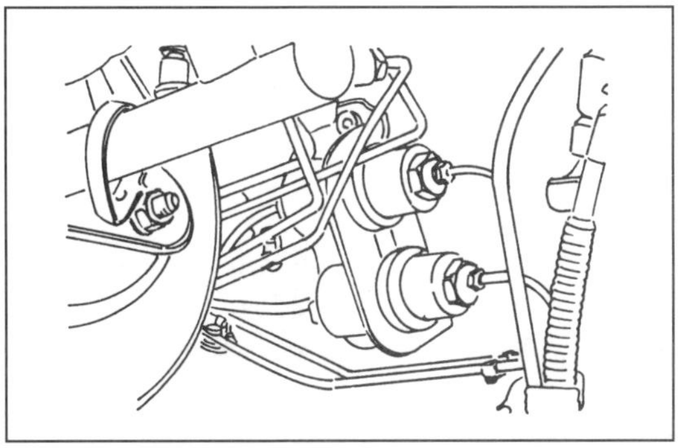

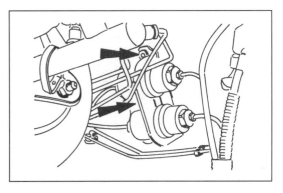

Bild 280
Bremsdruck-Ausgleichsventil

13.8 Hauptbremszylinder ersetzen

- Den Stecker vom Vorratsbehälter abziehen.
- Die Bremsflüssigkeit aus dem Vorratsbehälter ablassen.
- Die Bremsleitungen vom Zylinder abbauen.
- Den Zylinder vom Servo abschrauben.

Hauptbremszylinder nicht revidieren, sondern im Schadenfall durch ein Neuteil ersetzen.

Einbau:
Der Einbau erfolgt in umgekehrter Reihenfolge.
Die Anzugsmomente beachten.
Das Bremssystem entlüften.

13.9 Bremsdruck-Ausgleichsventil ersetzen

- Die Minusleitung der Batterie abklemmen.
- Die Bremsleitungen vom Ventil abbauen und sofort verschliessen.
- Das Ventil vom Halter am inneren Kotflügelstehblech abschrauben (Bild 281).
- Den Klip entfernen und das Ventil abnehmen. Diese Ventile können nicht repariert werden. Im Schadenfall durch ein Neuteil ersetzen.

Der Einbau erfolgt in umgekehrter Reihenfolge.
Das System anschliessend entlüften.

Bild 281
Ventil abschrauben

13.10 Bremsservo aus- und einbauen

- Die Unterdruckleitung vom Servo abbauen (Bild 282).
- Den Hauptbremszylinder wie beschrieben demontieren.
- Die Bremsdruckstange vom Bremspedal trennen (Bild 283).
- Den Servo vom Halter abschrauben und ent-

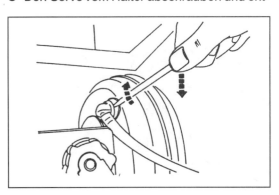

Bild 282
Unterdruckleitung abbauen

83

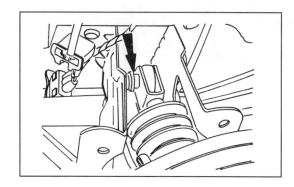

Bild 283
Bolzen ausbauen

Bild 284
Entlüftergerät anschliessen

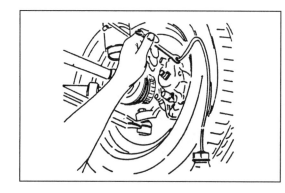

Bild 285
Entlüften

Bild 286
Zugstangen des Regelventils

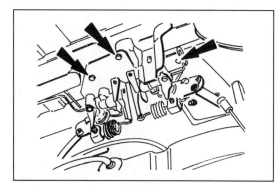

Bild 287
Halter

nehmen.
Servo-Aggregate dürfen nicht zerlegt werden. Im Schadenfall durch ein Neu- oder Austauschteil ersetzen.

Einbau:
● Den Servo am Träger festschrauben.
● Die Druckstange mit dem Bremspedal verbinden.
● Den Hauptbremszylinder anbauen.
● Den Unterdruckschlauch montieren.
● Das Bremssystem entlüften.

13.11 Bremssystem entlüften/ Flüssigkeit auswechseln

Zum Entlüften der Bremshydraulik ist ein sogenanntes Entlüftergerät erforderlich. Dieses Gerät wird auch zum Wechseln der Bremsflüssigkeit verwendet.
Das früher übliche Entlüften, durch Pumpen mit dem Pedal, darf aus Sicherheitsgründen nicht mehr angewandt werden.
Dadurch kann der Hauptbremszylinder beschädigt werden.
● Das Entlüftergerät am Vorratsbehälter des Hauptbremszylinders anschliessen (Bild 284).
● Das Hydrauliksystem unter Druck setzen.
● Eine Kunststoffflasche mit transparentem Schlauch auf den Entlüfternippel der entsprechenden Bremszange aufstecken.
● Den Nippel öffnen, bis blasenfreie Flüssigkeit austritt.
● Diesen Vorgang an allen Bremszangen und Bremszylindern wiederholen (Bild 285).
● Das System drucklos machen und das Entlüftergerät abschliessen.
● Das Niveau im Vorratsbehälter ergänzen.
● Auf die Nippel Abdeckkappen aufsetzen.

13.12 Antiblockiersystem

Bremsdruckregelventil aus- und einbauen:
● Das Fahrzeug anheben, die Räder dürfen aber nicht frei hängen.
● Das Reserverad und die Halterung ausbauen.
● Die Zugstangen des Bremsdruck-Regelventils vom Hinterachskörper abbauen (Bild 286).
● Den Halter des Ventils vom Querträger abschrauben (Bild 287).
● Die Regeleinheit sorgfältig absenken.
● Die Hydraulikleitungen abschrauben und die

entstandenen Öffnungen sofort verschliessen.
● Das Ventil vom Halter abschrauben.

Einbau:
● Das Ventil an den Halter schrauben.
● Die Hydraulikleitungen dicht anschliessen.
● Das Ventil mit dem Halter am Unterbau befestigen.
● Die Zugstangen am Achskörper anbringen.
● Das Ventil wie folgt einstellen:
Für die Einstellung ist eine Einstell-Lehre gemäss Bild 288 notwendig. Wenn nicht vorhanden, die Lehre entsprechend der Skizze anfertigen.
Den Kraftstoffbehälter halbvoll füllen.
Alle Teile des Fahrzeugs inkl. Reserverad und

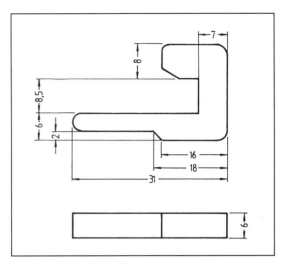

Bild 288
Einstell-Lehre

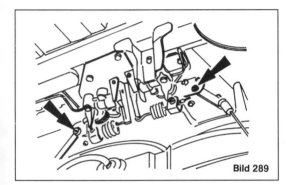

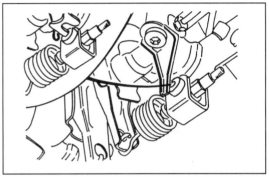

Bild 289 ◄
Hebel lösen

Bild 290
Lehre anbringen

Werkzeug müssen an dem dafür bestimmten Ort sein.
Sonstiger Ballast darf nicht vorhanden sein.
Das Fahrzeug so anheben, dass die Räder noch auf dem Boden aufliegen.
Die Betätigungshebel gemäss Bild 289 lösen.
Die Lehre in den Halter einführen (Bild 290).
Darauf achten, dass der Betätigungshebel und die Zugstange sich in der Endlage befinden.
Die Befestigungsschraube des Hebels festziehen.
Die Lehre entfernen.
Die Einstellung am gegenüberliegenden Ventil ebenfalls vornehmen.

Regeleinheit aus- und einbauen:
● Das Massekabel der Batterie abklemmen.
Unter den Hauptbremszylinder (Vorratsbehälter) ein Auffanggefäss plazieren.
● Die Rücklaufleitung für die linke Regeleinheit vom Vorratsbehälter trennen (Bild 291).
● Die Anschlüsse wie folgt abnehmen:
Die Leitung in den Vorratsbehälter stossen.
Den Kragen in Bild 291 gegen den Behälter stossen.
Der Kragen festhalten und die Leitung vorsichtig herausziehen.
● Das Fahrzeug anheben und das linke Vorderrad demontieren.
● Den Unterbrecherschalter des Zahnriemens/

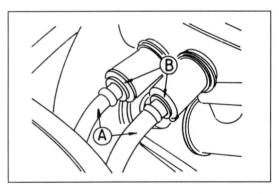

Bild 291
Anschluss Rücklauf
A Rücklaufleitung
B Haltekragen

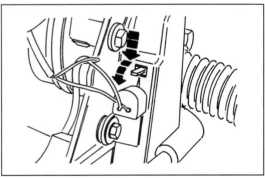

Bild 292
Unterbrecherschalter-Abdeckung

Regeleinheit und die Abdeckung abnehmen (Bild 292).
● Die Hydraulikleitungen von der Regeleinheit abbauen.
● Die Klemmschrauben der Verstellasche der Regeleinheit lösen und die Regeleinheit nach

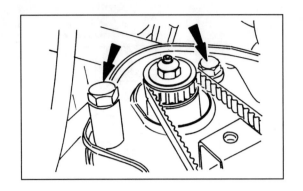

Bild 293
Verstellasche Regeleinheit

unten schwenken (Bild 293).
● Den Zahnriemen abnehmen.

● Die Schrauben der Verstellasche entfernen.
● Die Regeleinheit nach oben entnehmen.
● Die Hydraulikleitungen vom Rückstromventil abnehmen.
● Die entstandenen Öffnungen sofort mit Plastikkappen verschliessen.

Der Einbau erfolgt in umgekehrter Reihenfolge. Dabei ist auf absolute Sauberkeit zu achten. Den Zahnriemen so spannen, dass er sich unter Daumendruck 5 mm durchdrücken lässt.

Das Bremssystem ist anschliessend an dem geöffneten Bremskreis zu entlüften.

14 Elektrische Anlage

Die FIESTA-Baureihe ist mit einer 12 Volt-Anlage ausgerüstet. Die Drehstromlichtmaschine mit eingebautem Spannungsregler liefert den Strom für die Verbraucher und die Batterieaufladung.
In diesem Kapitel werden nur Schnellprüfverfahren und Servicearbeiten beschrieben. Weiterreichende Arbeitsgänge und Testläufe erfordern spezielle Einrichtungen (Prüfbank) und sollten deshalb einer entsprechend ausgerüsteten Fachwerkstatt überlassen werden.

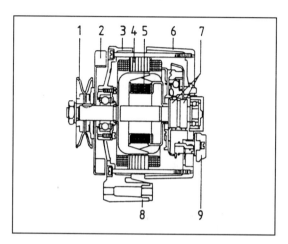

Bild 294
Alternator
1 Bremsscheibe
2 Lüfter
3 Antriebslagerschild
4 Ständerpaket
5 Erregerwicklung
6 Schleifring Lagerschild
7 Schleifring
8 Schwenkarm
9 Anbauregler Typ EL (Hybridregler)

14.1 Batterie

Die eingebaute Batterie ist wartungsfrei und erfordert kein Nachfüllen von destilliertem Wasser. Die Batterie ist lediglich sauber zu halten. Die Pole sind regelmässig auf festen Sitz zu prüfen. Wird die Batterie vom Stromkreislauf getrennt, muss immer zuerst der Minuspol gelöst werden. Die Batterie darf niemals bei laufendem Motor abgeschlossen werden. Bei allen grösseren Arbeiten an der elektrischen Anlage muss der Minuspol abgeklemmt werden.
Ein Kurzschluss würde die eingebaute Elektronik zerstören.

14.2 Alternator

Bild 294 zeigt den Alternator.

Der Alternator liefert den zum Betrieb des Fahrzeugs notwendigen Strom. Zudem lädt er die Batterie über eine Regelelektronik auf.
Der Alternator wird durch den Keilriemen an der Motorfrontseite von der Kurbelwelle angetrieben.

Den Alternator prüfen:
Die Prüfung besteht aus der Leistungs- und Regelspannungsprüfung, wobei zuerst die Regelspannungsprüfung durchzuführen ist.

Zur Prüfung ist eine vollgeladene Batterie erforderlich.
Um Defekte zu vermeiden, sind folgende Punkte zu beachten:
● Minuspol von Batterie, Alternator und Regler müssen übereinstimmen.
● Niemals den Alternator bei offenem, unkontrolliertem Stromkreis betreiben.
● Die Klemme am Alternator und Regler niemals kurzschliessen.
● Den Alternator nie umpolen.

Regelspannung prüfen:
● Das Voltmeter zwischen Plus-Pol Batterie und Masse schalten.
● Den Motor starten und mit ca. 2000 U/min drehen lassen.
Das Voltmeter muss 13,7 bis 14,5 Volt anzeigen.
Bei einer Anzeige über 14,6 Volt ist der Regler defekt und muss ersetzt werden.
Bei einer Anzeige von weniger als 13,5 Volt ist der Regler unterbrochen oder die Kohlebürsten des Reglers sind zu kurz und müssen ersetzt werden.
● Den Regler an der Rückseite des Alternators demontieren (Bild 295).
● Den Bosch Kohlehalter einbauen. D+ und DF miteinander verbinden.
Die Prüflampe zwischen Plus der Batterie und DF oder D+ schalten.
Der Alternator ist in Ordnung, wenn die Prüflampe bei stehendem Motor brennt und bei laufendem Motor erlischt.

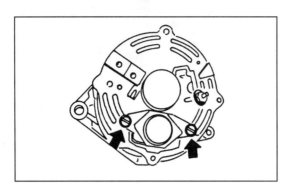

Bild 295
Regler demontieren

14.3 Anlasser

Bild 296 zeigt den Anlasser mit seinen Teilen.

Anlasser prüfen:
● Zur Prüfung des eingebauten Anlassers ist eine vollgeladene Batterie erforderlich.
● Den Masseanschluss der Batterie prüfen (Korrosion).
● Das Anlasserkabel auf einwandfreie Anschlüsse an Batterie und Anlasser prüfen.
● Die Spannung an der Anlasserklemme 50 während eines Startvorgangs messen. Die Spannung darf maximal 0,5 Volt abfallen.
Bei grösseren Abweichungen sind das Kontaktteil des Zündschlosses, der Wählhebelschalter und die jeweiligen Steckverbindungen zu prüfen.
● Ein Voltmeter an der Batterie anschliessen.
● Ein Ampèremeter mit einer Strom-Messzange an der Leitung Batterie-Anlasser anschliessen.
● Den 5. Gang einlegen und die Handbremse anziehen.

Wenn die Lampe glimmt, so sind Statorwicklung oder Dioden defekt.
● Der Regler ist gleichzeitig Kohlebürstenhalter und kann in der Folge nur als komplettes Teil ersetzt werden.

Aus- und Einbau des Alternators
● Die Batterie abklemmen (Minuspol).
● Alle elektrischen Anschlüsse vom Alternator abschliessen.
● Den Keilriemen ausbauen.
● Die Generatorbefestigung abschrauben und den Generator entnehmen.

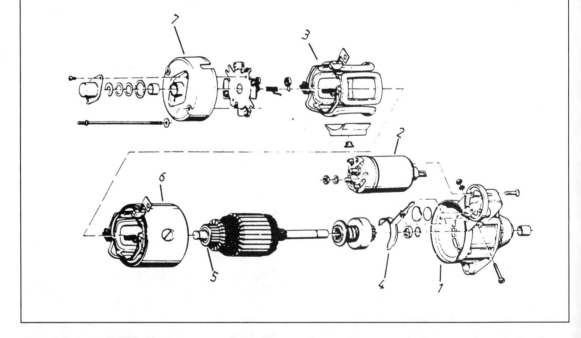

Bild 296
Anlasser
1 Lagerdeckel
2 Magnetschalter
3 Feldwicklung
4 Einspurhebel
5 Kollektor
6 Gehäuse
7 Lagerdeckel Kollektorseite

Der Einbau erfolgt in umgekehrter Reihenfolge. Der Keilriemen ist so zu spannen, dass er sich unter Daumendruck ca. 7 bis 9 mm durchdrücken lässt.

Reparatur des Alternators
Defekte Alternatoren tauscht man kostengünstig gegen Austausch-Aggregate aus. Bosch-Werkstätten halten solche Teile am Lager.
Zudem wird auf Austauschteile Garantie gewährt.

Den Anlasser betätigen und die beiden Instrumente ablesen (Prüfdauer maximal 5 Sekunden).
Folgende Werte sind zulässig:
Spannung 8 Volt
Strom 410 Ampère
Bei zu niedriger Spannung den Grund für den Spannungsabfall feststellen.
Stromaufnahme zu hoch
– Kurzschluss im Anlasser
Stromaufnahme zu niedrig

- Kollektor verschmutzt
- Kohlebürsten abgenutzt
- Magnetschalter-Kontakt defekt
- Unterbruch

Anlasser ersetzen
● Das Minuskabel der Batterie abklemmen.
● Die elektrischen Anschlüsse des Anlassers abschliessen.
● Die drei Befestigungsschrauben A in Bild 297 lösen.
Der Einbau erfolgt in umgekehrter Reihenfolge des Ausbaus.

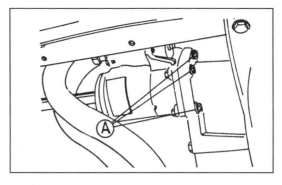

Bild 297
Anlasser ausbauen
A-Befestigungsschrauben

14.4 Scheinwerfer einstellen

● Das Fahrzeug auf eine ebene Fläche stellen, 10 m vor eine senkrechte Wand.
● Sicherstellen, dass das Fahrzeug unbeladen und der Tank voll ist.
● Den Vorderwagen mehrmals durchfedern.
● Auf der Wand das unter Bild 298 gezeigte Strichbild aufzeichnen.
● Das Fahrzeug muss mittig zum Strichbild stehen.
● Die Scheinwerfer an den Einstellschrauben verstellen, bis das Lichtbündel mit der Strichzeichnung übereinstimmt (Bild 299).

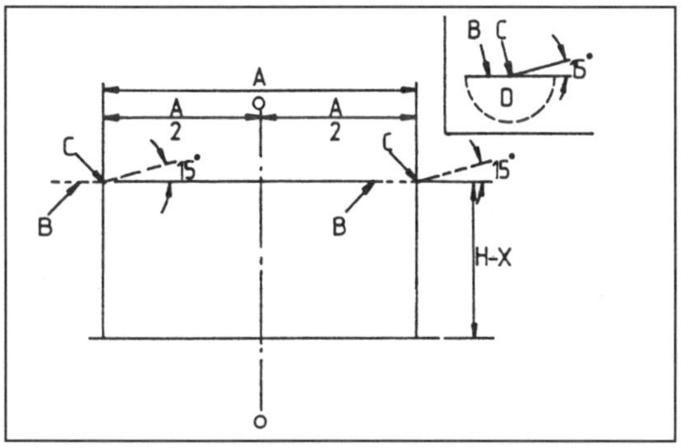

Bild 298
Scheinwerferbild
A Abstand zwischen den Scheinwerfer-Mittelpunkten
B Hell-Dunkel-Grenze
C Mittelpunkt des Lichtstrahls
D Abblendlicht-Strahlprofil
H Höhe ab Boden bis Scheinwerfer-Mittelpunkt
X− = 10,0–12 cm mit vollem Tank

14.5 Scheibenwischermotor aus- und einbauen

● Den Mehrfachstecker vom Wischermotor abziehen.
● Die drei Schrauben der Halteplatte in Bild 300 losschrauben.
● Den Wischermotor aus der Öffnung nehmen und vom Gestänge trennen.
● Den Motor von der Halteplatte abschrauben (Bild 301).
Der Einbau erfolgt in umgekehrter Reihenfolge.

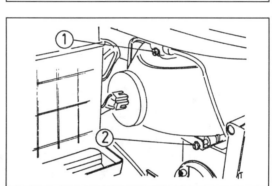

Bild 299
Einstellschrauben
1 Vertikal
2 Horizontal

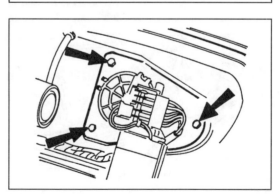

Bild 300
Halteplatte

14.6 Heizung/Lüftung

Bild 302 zeigt die Lüftführung im Innenraum des Fahrzeugs.
Die zur Belüftung und Heizung des Innenraums benötigte Luft wird an der Wagenfrontseite eingeleitet. Der eingebaute Wärmetauscher entnimmt dem Kühlmittel die zur Beheizung not-

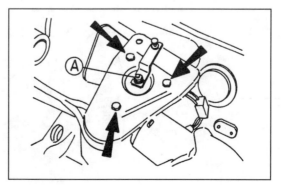

Bild 301
Wischermotor

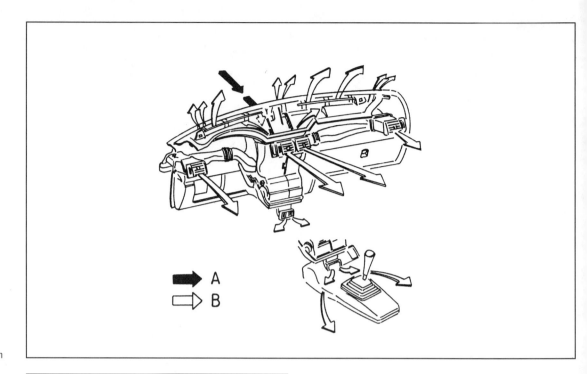

Bild 302
Heizungssystem
A Frischluftzufuhr
B Luftströme in den Fahrzeugraum

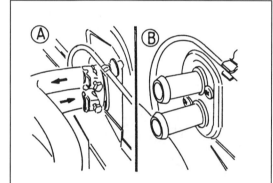

Bild 303
Wasserschläuche demontieren

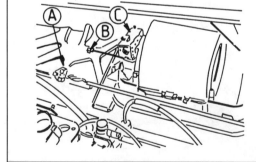

Bild 304
Gebläsemotor
A Kabelstecker
B Massekabel
C Widerstand des Gebläsemotors

wendige Wärme und gibt sie an die angesaugte Luft weiter.
Ein Gebläse unterstützt den Luftdurchsatz.

Aus- und Einbau des Wärmetauschers
- Das Massekabel der Batterie abklemmen.
- Die Kühlmittelschläuche der Heizung demontieren (Bild 303).
- Die Schläuche abklemmen.
- Das Abdeckblech von der Spritzwand abbauen.
- Die Fussraumabdeckung links und rechts ausbauen.
- Die Mittelkonsole demontieren.
- Die Haltelaschen der Abdeckung-Wärmetauscher ausrasten (Bild 304).
- Die Abdeckung herunterklappen und hinten ausfahren.
- Den Wärmetauscher entnehmen.

Der Einbau erfolgt in umgekehrter Reihenfolge.

Aus- und Einbau des Gebläsemotors
- Das Massekabel der Batterie abklemmen.
- Die sechs Schrauben des Windlaufblechs

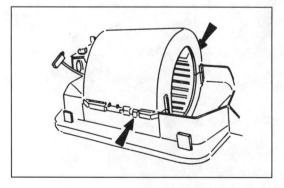

Bild 305
Gebläse ausbauen

Bild 306 ▶
Sicherungskasten

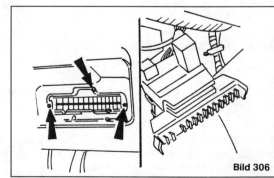

Bild 306

herausdrehen.
- Das Abdeckblech mit Haubenschloss abnehmen.
- Den Mehrfachstecker des Gebläsemotors abziehen (Bild 304).
- Den Massekabelstecker abziehen.
- Die zwei Klammern in Bild 305 abnehmen und das Gebläse entnehmen.

Der Einbau erfolgt in umgekehrter Reihenfolge des Ausbaus.

14.7 Sicherungskasten

Der Sicherungskasten befindet sich beim Linkslenker links am Armaturenbrett.
Nach Ausbau der Abdeckung sind die Sicherungen zugänglich.

Die zur Steuerung eingebauten Relais befinden sich hinter dem Sicherungsträger.
Nach Abschrauben der drei Schrauben in Bild 306 kann der Sicherungsträger nach vorne geklappt werden.
Beim Austausch defekter Sicherungen dürfen nur Sicherungen gleicher Farbe (Stärke) eingebaut werden.

14.8 Relais Blinkgeber auswechseln

Den Sicherungskasten wie beschrieben ausbauen.
Das Blinkrelais sitzt hinten auf dem Sicherungsträger.
Das Relais abziehen und ersetzen.

Für Ihre Notizen

15 Mass- und Einstelltabelle

MASS- und EINSTELL- DATEN

MOTOR

	1100	1400	1600	1800 Diesel
Hubraum	1118 ccm	1392 ccm	1597 ccm	1741 ccm
Bohrung	68,68 mm	77,24 mm	79,96 mm	82,50 mm
Hub	75,48 mm	74,30 mm	79,52 mm	82,00 mm
Zylinderzahl	4	4	4	4
Anzahl Kurbelwellenlager	3	5	5	5
Leistung in PS-U/min			110/6000	60/4800
Vergaserversion	54/5200	73/5500		
CFI-Version	50/5200	71/5500		
Drehmoment in Nm-U/min			135/2800	110/2500
Vergaserversion	86/3000	108/4000		
CFI-Version	80/2600	103/4000		
Verdichtung			9,75	21,5
–Vergaser	9,5	8,5		
–CFI	8,8	8,5		
Treibstoff			bleifrei	Diesel
–ohne Katalysator	Super	Super		
–mit Katalysator	bleifrei	bleifrei		
Achsübersetzung 5-Gang	4,06	3,84	4,06/3,82	3,59
Automat	3,842	3,842	3,842	3,842

ZYLINDERBLOCK

	1100	1400	1600	1800 Diesel
Laufbüchsen-bohrung	71,826/ 71,852 mm			
Bohrung KL 1	68,680/ 68,690 mm	77,220/ 77,230 mm	79,940/ 79,960 mm	82,500/ 82,515 mm
Bohrung KL 2	68,690/ 68,700 mm	77,230/ 77,240 mm	79,950/ 79,960 mm	82,515/ 82,530 mm
Bohrung KL 3	68,700/ 68,710 mm	77,240/ 77,250 mm	79,960/ 79,970 mm	82,660/ 82,675 mm
Bohrung KL 4	69,200/ 69,210 mm	77,250/ 77,260 mm	79,970/ 79,980 mm	82,675/ 82,690 mm
Bohrung KL 5	69,700/ 69,710 mm	77,510/ 77,520 mm	80,230/ 80,240 mm	83,000/ 83,015 mm

MASS- und EINSTELLDATEN

Bohrung KL 6	77,520/ 77,530 mm	80,240/ 80,250 mm	83,500/ 83,615 mm	
Bohrung KL 7	77,530/ 77,540 mm	80,250/ 80,260 mm		

KURBELWELLE

Hauptlager STD	57,990/ 57,000 mm	57,980/ 58,000 mm	57,980/ 58,000 mm	53,970/ 53,990 mm
U-Mass 1	56,980/ 56,990 mm	57,730/ 57,750 mm	57,730/ 57,750 mm	53,720/ 53,740 mm
U-Mass 2	56,726/ 56,746 mm	57,480/ 57,510 mm	57,480/ 57,511 mm	53,470/ 53,490 mm
U-Mass 3	56,472/ 56,492 mm	57,230/ 57,250 mm	57,230/ 57,250 mm	
U-Mass 4	56,218/ 56,238 mm			
Laufspiel	0,009/ 0,046 mm	0,011/ 0,058 mm	0,011/ 0,058 mm	0,015/ 0,062 mm
Pleuellager STD	40,990/ 41,010 mm	47,890/ 47,910 mm	47,890/ 47,910 mm	48,970/ 48,990 mm
U-Mass 1	40,740/ 40,760 mm	47,640/ 47,660 mm	47,640/ 47,660 mm	48,720/ 48,740 mm
U-Mass 2	40,490/ 40,510 mm	47,390/ 47,410 mm	47,390/ 47,410 mm	48,470/ 48,490 mm
U-Mass 3	40,240/ 40,260 mm	47,140/ 47,160 mm	47,140/ 47,160 mm	
U-Mass 4		46,890/ 46,910 mm	46,890/ 46,910 mm	
Axialspiel	0,075/ 0,046 mm	0,090/ 0,300 mm	0,090/ 0,300 mm	0,090/ 0,370 mm
Dicke Anlaufhalbringe STD	2,800/ 2,850 mm	2,301/ 2,351 mm	2,301/ 2,351 mm	
Übergrösse	2,990/ 3,040 mm	2,491/ 2,541 mm	2,491/ 2,541 mm	
Pleuel				
Bohrungsdurchmesser grosses Auge	43,990/ 44,010 mm	50,890/ 50,910 mm	50,890/ 50,910 mm	52,000/ 52,020 mm

kleines Auge	17,990/ 18,010 mm	20,589/ 20,609 mm	20,589/ 20,609 mm	26,012/ 26,020 mm
Laufspiel zur Kurbelwelle	0,006/ 0,060 mm	0,006/ 0,060 mm	0,006/ 0,060 mm	0,016/ 0,070 mm
Axialspiel	0,100/ 0,250 mm			

KOLBEN

Einbauspiel	0,015/ 0,050 mm	0,010/ 0,045 mm	0,010/ 0,040 mm	0,022/ 0,054 mm
Kolbenbolzen				
Länge	58,600/ 59,400 mm	63,000/ 63,800 mm	63,000/ 63,800 mm	
Bolzen weiss	18,026/ 18,029 mm	20,622/ 20,625 mm	20,622/ 20,625 mm	25,996/ 26,000 mm
rot	18,029/ 18,032 mm	20,625/ 20,628 mm	20,625/ 20,628 mm	
blau	18,032/ 18,035 mm	20,628/ 20,631 mm	20,628/ 20,631 mm	
gelb	18,035/ 18,038 mm	20,631/ 20,634 mm	20,631/ 20,634 mm	
Kolbenringe				
Stossspiel oben	0,250/ 0,450 mm	0,300/ 0,500 mm	0,300/ 0,500 mm	0,350/ 0,500 mm
mitte	0,250/ 0,450 mm	0,300/ 0,450 mm	0,300/ 0,450 mm	0,350/ 0,450 mm
unten	0,200/ 0,400 mm	0,400/ 0,400 mm	0,250/ 0,400 mm	0,250/ 0,450 mm

NOCKENWELLE

Steuerzeiten:

Einlass ö.v.OT	14° n.OT	15° n.OT	4° v.OT	6°
Einlass s.n.UT	46°	30°	32°	32°
Auslass ö.v.UT	49°	28°	38°	57°
Auslass s.n.OT	11°	13°	10°	7°
Einstellspiel		1,00 mm	1,00 mm	

MASS- und EINSTELLDATEN

MASS- und EINSTELLDATEN

Hubhöhe Nocken:				
Einlass	5,150 mm	5,790 mm	6,570 mm	9,000 mm
Auslass	4,920 mm	5,790 mm	6,570 mm	10,000 mm
Axialspiel	0,020/ 0,190 mm	0,050/ 0,150 mm	0,050/ 0,150 mm	0,100/ 0,240 mm
Lager alle	39,615/−1 39,635 mm	44,750 mm	44,750 mm	alle 27,960/ 27,980 mm
	−2	45,000 mm	45,000 mm	
	−3	45,250 mm	45,250 mm	
	−4	45,500 mm	45,500 mm	
	−5	45,750 mm	45,750 mm	
Laufspiel	0,047/ 0,031 mm	0,030/ 0,058 mm	0,030/ 0,058 mm	0,020/ 0,079 mm
Nockenhöhe	32,036/ 32,264 mm	E38,305/ A37,289 mm	E37,559/ A37,559 mm	

VENTILE

Ventilspiel kalt:				
Einlass	0,200/ 0,250 mm	hyd. Stössel hyd. Stössel		0,300/ 0,400 mm
Auslass	0,300/ 0,350 mm	hyd. Stössel hyd. Stössel		0,450/ 0,550 mm
Ventillänge				
Einlass	103,70/ 104,40 mm	136,29/ 136,75 mm	134,54/ 135,00 mm	107,05/ 107,15 mm
Auslass	104,02/ 104,72 mm	132,97/ 133,43 mm	131,57/ 132,03 mm	109,15/ 109,25 mm
Teller				
Einlass	32,900/ 33,100 mm	39,900/ 40,100 mm	41,900/ 42,100 mm	36,400/ 36,600 mm
Auslass	28,900/ 29,100 mm	33,900/ 34,100 mm	36,900/ 37,100 mm	31,900/ 32,100 mm
Schaft				
Einlass STD	7,025/ 7,043 mm	8,025/ 8,043 mm	8,025/ 8,043 mm	7,970/ 7,995 mm

ÜG 0,2 mm	7,225/ 7,243 mm	8,225/ 8,243 mm	8,225/ 8,243 mm	8,170/ 8,155 mm
ÜG 0,4 mm	7,425/ 7,443 mm	8,425/ 8,443 mm	8,425/ 8,443 mm	8,370/ 8,355 mm
Auslass STD	6,999/ 7,017 mm	7,999/ 8,017 mm	7,999/ 8,017 mm	7,690/ 7,945 mm
ÜG 0,2 mm	7,199/ 7,217 mm	8,199/ 8,217 mm	8,199/ 8,217 mm	8,160/ 8,145 mm
ÜG 0,4 mm	7,399/ 7,417 mm	8,399/ 8,417 mm	8,399/ 8,417 mm	8,360/ 8,345 mm
Zylinderkopf				
Brennraumvolumen ccm	27,24/ 29,24 mm	38,88/ 41,88 mm	53,36/ 55,38 mm	
Mindestbrennraumtiefe	14,25/ 14,55 mm	17,40 mm	19,10 mm	kein Nach- arbeiten erlaubt
Planheit der Dichtfläche	0,08/100	0,08/100	0,08/100	0,08/100
Ventilsitze:				
Sitzwinkel	45°	45°	45°	45°
obere Korrektur	30°	30°	30°	0°
untere Korrektur Sitzbreite	75°	75°	75°	65°
Einlass	1,18 mm	1,75 mm	1,75 mm	1,75 mm
Auslass	1,75 mm	2,32 mm	2,32 mm	2,50 mm
Ventilfedern				
Länge	41,00 mm	47,20/ 45,40 mm	46,90/ 48,30 mm	43,00 mm
Stösselbohrung				
STD Block	13,081/ 13,094 mm	22,235/ 22,265 mm	22,235/ 22,265 mm	35,000/ 35,035 mm
Übermass		22,489/ 22,519 mm	22,489/ 22,519 mm	35,500/ 35,530 mm
Laufspiel	0,016/ 0,062 mm	0,015/ 0,030 mm	0,015/ 0,030 mm	0,015/ 0,030 mm
Ventilführung				
Bohrungsdurchmesser STD	7,063/ 7,094 mm	8,063/ 8,094 mm	8,063 8,094 mm	8,000/ 8,025 mm

MASS- und EINSTELL- DATEN

MASS- und EINSTELLDATEN

ÜG 0,2 mm	7,263/ 7,294 mm	8,263/ 8,294 mm	8,263/ 9,294 mm	8,263/ 8,288 mm
ÜG 0,4 mm	7,463/ 7,494 mm	8,463/ 8,494 mm	8,463/ 8,494 mm	

Ölpumpe

Axialspiel Rotor/Gehäuse	0,140/ 0,260 mm	0,060/ 0,190 mm	0,060/ 0,190 mm
Spaltmass Rotor/Rotor	0,051/ 0,127 mm	0,050/ 0,180 mm	0,050/ 0,180 mm
Axialspiel Rotor/Dichtfläche	0,025/ 0,060 mm	0,014/ 0,100 mm	0,014/ 0,100 mm

Überdruckventil

öffnet bei bar	2,41/ 2,96	4,00	4,00

Zahnriemen

Spannung neuer Riemen	10–11 Skalenteile Prüfgerät 21–113
gelaufener Riemen	4–6 Skalenteile Prüfgerät 21–113

KUPPLUNG

Betätigung	Seilzug			
Hersteller	Fichtel & Sachs AP	AP	LUK	LUK
Belag	alle FERODO 3112 F			
Durchmesser 190 mm	190 mm	220 mm	220 mm	
Belagdicke	3,23	3,23	3,23	3,23

GETRIEBE 5-GANG

Übersetzungen

1. Gang	3,58	2,58	3,15	3,15
2. Gang	2,04	2,04	1,91	1,91
3. Gang	1,32	1,32	1,28	1,28
4. Gang	0,95	0,95	0,95	0,95
5. Gang	0,76	0,76	0,76	0,76

Rw-Gang			3,62	3,62	3,62	3,62
Achstrieb			4,06	3,84/ 4,06	4,06/ 3,82	3,59
Tachoantrieb			alle 21/20			
Sicherungsringe						
Dicke: Hauptwelle						
Synchron 1./2. Gang	1,52 1,55 1,58 1,61 1,64	Synchron 5. Gang	1,48 1,53 1,58	Kugellager	1,89 1,97 2,04	
Antriebswelle						
Kugellager	1,89 1,97 2,04	Antriebsrad 5. Gang	1,65 1,70 1,75			
Füllmenge			3,1 l			
Ölqualität			SAE 80/SQM2C-9008-A			
Fett Zusammenbau						
Hülse, Splines			ESO-MIC220A			
Antikorrosionspaste 5. Gang			SAM-1C9107-A			

CTX GETRIEBEAUTOMAT

Hersteller	FORD Bordeaux
Wählhebelstellungen	P-R-N-D-L
Achsübersetzung	3,842
Getriebeöl	ESP-M2C 166 H
Füllmenge ohne Kühler mit Kühler	3,5 l 3,6 l

GEMISCHAUFBEREITUNG

Tankinhalt	42 Liter		
WEBER-Vergaser 2V	Typ 2V TLDM		
		CTX	
Abgasnorm	15.04	15.04	EEC 5th

MASS- und EINSTELLDATEN

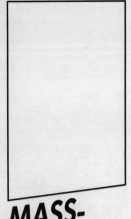

MASS- und EINSTELL-DATEN

Leerlaufdrehzahl ±50			750	750	750
CO-Gehalt Leerlauf ±0,5			1,0	1,0	1,0
Schwimmerniveau ±1,0			29,0	29,0	29,0
Unterdruckvorrichtung U/min			---	1050/1150	1250/1350
Vergaser Teilenummer			89BF-9510-BA	89BF-9510-CA	89BF-9510-EA
Lufttrichter	Primär		26	26	26
	Sekundär		28	28	28
Hauptdüse	Primär		92	92	92
	Sekundär		122	122	122
Mischrohr	Primär		F113	F113	F113
	Sekundär		F75	F75	F75
Luftkorrektur-Düse	Primär		195	195	195
	Sekundär		155	155	155
Leerlaufdrehzahl-überhöhung			2800	2600	2800

CFI Einheit 1,4/1,1 l

Hersteller	WEBER
System	elektronisch gesteuertes Einspritzventil «Monojetronic»
Druckregler	Regelung durch Membrandose
Regeldruck	1 bar

Kraftstoffpumpe

Hersteller	FORD im Tank integriert
Leerlaufdrehzahl	900 U/min
CO Gehalt	0,8 Vol%

Widerstandswert der Sensoren

Kühlmittel

− 40°C	885 kOhm
− 20°C	271 kOhm
0°C	95 kOhm
20°C	37 kOhm
50°C	11 kOhm
80°C	4 kOhm
100°C	2 kOhm
120°C	1 kOhm

Ansaugluft

0°C	89–102 kOhm
20°C	35– 40 kOhm

MASS- und EINSTELL-DATEN

	40°C	15– 18 kOhm
	60°C	7– 8,5 kOhm
	100°C	2– 2,5 kOhm

Drosselklappenposition

Buchse an der Prüfbox

(+)	(–)	
26	46	355– 550 Ohm
47	46	1200–2000 Ohm
26	47	3500–5500 Ohm

EFI Einheit 1,6 l

Hersteller WEBER

Druckregler

Regeldruck   Motor in Betrieb   2,3–2,5 bar
                            ausser Betrieb   3,0 bar

Kraftstoffpumpe

Hersteller   FORD
                   im Tank integriert

Leerlaufdrehzahl   900 U/min

CO Gehalt   0,8 Vol%

Dieselpumpe 1,8 l

Hersteller   CAV oder BOSCH

Drehrichtung von
vorne gesehen   Uhrzeigerdrehsinn

Drehzahlregler   2 Stufen

Regler-Enddrehzahl 5350 U/min

Leerlaufdrehzahl   840 U/min

Abfallzeit Enddrehzahl-Leerlaufdrehzahl   5 sec.

Einspritzdüsen

Typ   Zapfendüsen

Öffnungsdruck   CAV 120 bar BOSCH 143 bar

Druckabfalltest max 5 s von 100 auf   70 bar (CAV)
                            125 auf 100 bar (BOSCH)

Dichtheit
Düsennadel   CAV   – bei 100 bar 10 s   kein Tropfen
                   BOSCH – bei 125 bar 10 s

MASS- und EINSTELLDATEN

ZÜNDSYSTEM

1,1 l Motor

Zündspule	System verteilerlos
Sekundärspannung	37 kV
Widerstand Primärwicklung	0,5–1,0 Ohm
Zündkerzen	AGRF 22 C1
Elektrodenabstand	1,0 mm
Zündfolge	1–3–4–2
Zündkabel Widerstand	30 kOhm je Kabel

Unterdruckvorrichtung Drosselklappe

Schaltgetriebe	1300 U/min ±50
Automat	1100 U/min ±50

1,4 l Motor

Zündspule

Ausgangsspannung	30 kV
Widerstand	
Primärwicklung	0,72 bis 0,88 Ohm
Sekundärwicklung	4500–7000 Ohm
Zündkerzen	AGRP 22 CD1

Elektrodenabstand 1,00 mm

Zündfolge	1–3–4–2
Zündkabel Widerstand	30 kOhm je Kabel

Zündverteiler

Typ	Kontaktlos (Hall-Geber)
Verstellung	durch Zündmodul
Drehrichtung	Gegenuhrzeiger
Zündzeitpunkt Grundeinstellung	10° v OT

1,6 l Motor

Zündspule

System	Verteilerlos

Ausgangsspannung	37 kV		
Widerstand	Primärwicklung 4,5–5,0 Ohm		

Zündkerzen

Typ	AGRP 22 CD1
Elektrodenabstand	1,00 mm

Zündfolge	1-3-4-2
Hochspannungskabel	30 kOhm je Kabel

Anlasser

	BOSCH	MARELLI	Nippondenso
Hersteller	BOSCH	MARELLI	Nippondenso
Leistung KW	0,9–2,2	0,8–0,9	0,5–0,8
Bürstenzahl	4	4	4
Bürstenmaterial	Kohle	Kohle	Kohle
Min. Länge der Bürsten	8,00	8,00	8,00
Federkraft der Bürsten p	1600	800	1500
Min. des Kollektors	32,80	– –	32,80
Axialspiel Anker	0,3	0,25	0,6

Ladesystem

	BOSCH	MARELLI	Mitsubishi
Hersteller	BOSCH	MARELLI	Mitsubishi

BOSCH

Typ	K 1 55 A	K 1 70 A
Nennstrom bei 13,5 V/6000 U/min	55	70
Widerstand Ständerwicklung	0,07 Ohm	0,05 Ohm
Widerstand Läuferwicklung	3,40 Ohm	3,40 Ohm
Min. Länge der Bürsten	5	5
Reglerspannung bei 4000 U/min/3–7 Ampère	13,7–14,6 V	13,7–14,6 V

MARELLI

Typ	A 127/55	A 127/70
Nennstrom bei 13,5 V/6000 U/min	55	70
Widerstand Ständerwicklung	0,20 Ohm	0,16 Ohm
Widerstand Läuferwicklung	2,90 Ohm	2,90 Ohm
Min. Länge der Bürsten	5	5
Reglerspannung bei 4000 U/min/3–7 Ampère	13,7–14,6 V	13,7–14,6 V

Mitsubishi

Typ	A 005 T
Nennstrom bei 13,5 V/6000 U/min	55
Widerstand Ständerwicklung	0,80 Ohm
Widerstand Läuferwicklung	2,70–3,10 Ohm
Min. Länge der Bürsten	5
Reglerspannung bei 4000 U/min/3–7 Ampère	13,7–14,6 V

MASS- und EINSTELL-DATEN

MASS- und EINSTELL-DATEN

Kühlsystem	1,1 l	1,4 l	1,6 l	1,8 l Diesel
Füllmenge l	7,1	7,6	7,8	9,3

Kühler alle   Querstrom

Thermostat

öffnet bei alle   85°–89°C
ganz offen bei 102°C

Wasserpumpe alle   Schleuderpumpe

Verschlussdeckel

Öffnungsdruck alle 1,2 bar

VORDERACHSE

SPUR (alle Modelle)
0 ±1,00 mm

Modell	NACHLAUF Tol.	STURZ Tol.
1,0/1,1 l Schaltgetriebe	0° 23' 1° 23'– –37'	0° 25' 1° 40'– –50'
1,1 l S-Modell	0° 36' 1° 36'– –24'	0° 22' 1° 37'– –53'
1,1 l CTX Getr. 1,4/1,6 l 1,8 l Diesel	0° 18' 1° 18'– –42'	0° 12' 1° 27'– –1°03'
1,1 l CTX Getr. 1,4/1,6 l 1,8 l Diesel S-Modelle	0° 32' 1° 32'– –28'	0° 08' 1° 23'– –1°07'
XR2i	0° 45' 1° 45'– –15'	0° 13' 1° 28'– –1°02'
max. Abweichung von links nach rechts	1° 0'	1° 15'

LENKUNG

Typ   Zahnstangenlenkung
Ritzel
Durchdrehmoment   1,05–1,70 Nm
Umdrehungen von
Anschlag zu Anschlag   4,2

MASS- und EINSTELLDATEN

BREMSSYSTEM

Vorderachse

	unbelüftet	belüftet
Bremsscheiben	240	240
Scheibendicke	10,0	20,0
Mindestdicke	8,0	18,0
max. Schlag, eingebaut	0,1	0,1
Bremszylinder	48,00	54,00
min. Belagdicke ohne Trägerplatte	1,5	1,5
Belagqualität	FERODO F3432F TEXTAR T 478	FERODO F3432F

Hinterachse

	Alle ausser XR2 u. ABS	XR2	ABS
Trommel	180	203	203
Belagbreite	30	38	38
Bremszylinder	17,5	19,0	22,0
Belagqualität	D-8212	F3601	F3601
Belagstärke (neu)			
Auflaufbacke	6	6	6
Ablaufbacke	4	4	4
Mindestdicke	1,0	1,0	1,0

Bremsflüssigkeit: SAM-6C-9103A (DOT 4)

BELEUCHTUNG, SICHERUNGEN

Aussenbeleuchtung	Typ	Watt
Scheinwerfer	H4	60/55
Weitstrahler	H3	55
Nebelscheinwerfer	H3	55
Begrenzungsleuchten	Glassockel	5
Blinkleuchte vorn	Bajonett	21
Blinkleuchte seitlich	Glassockel	5
Blinkleuchte hinten	Bajonett	21
Brems/Schlussleuchte	Bajonett	21/5
Rückfahrleuchte	Bajonett	21
Nebelschlussleuchte	Bajonett	21
Kennzeichenleuchte	Bajonett	10

Innenleuchten

Innenleuchte	Glassockel	10
Kofferraumleuchte	Glassockel	5

MASS- und EINSTELLDATEN

Sicherungen

Nummer	Ampère	Stromkreis
1	3	EEC IV Modul
2	15	Innenleuchte, Zigarrenanzünder, Zeituhr, Radio
3	20	Zentralverriegelung, heizbare Sitze
4	30	Heckscheibenheizung
5	30	Scheinwerfer-Waschanlage (nur Skandinavien)
	10	reduziertes Abblendlicht (nur Rechtslenker)
6	10	linke Begrenzungsleuchten, Nebelschlussleuchte (nur Rechtslenker)
7	10	Rechte Begrenzungsleuchten
8	10	Linkes Abblendlicht
9	10	Rechtes Abblendlicht
10	15	Linkes Fernlicht, rechter Zusatzscheinwerfer
11	15	Rechtes Fernlicht, linker Zusatzscheinwerfer
12	20	Heizungsgebläse, Rückfahrscheinwerfer
13	30	Motor, Kühlerlüfter
14	15	Nebelscheinwerfer (nur XR2)
15	15	Horn
16	20	Wischermotor
17	10	Bremsleuchten, Instrumentenleuchten
18	25	Fensterheber
19	20	Kraftstoffpumpe
20	10	Lambdasonde (CFI, EFI)
21	10	Lichthupe, links
22	10	Lichthupe, rechts
23	--	leer
24	10	Nebelschlussleuchte
25	10	Nebelschlussleuchte
26	15	El. Schloss Heckklappe
27	30	Beheizbare Frontscheibe
28	30	Beheizbare Frontscheibe

Relais im Sicherungskasten

Relaisnr.	Stromkreis	Grösse	Farbe
I	beheizbare Heckscheibe	gross	gelb
II	Wischer-Intervall, vorn	gross	rot
III	Zündverzögerung (CFI)	gross	grün
	Kraftstoffeinspritzung	normal	rot
IV	Scheinwerfer-Waschanlage	gross	blau
V	Lenkzündschloss (Kastenwagen-Grundausstattung CL C)	normal	gelb
	Lenkzündschloss (S CLX Ghia XR2i)	normal	grün
VI	Automatik-Getriebe	normal	gelb
	Kraftstoffpumpe	normal	gelb
VII	Fernlicht Linkslenker	normal	gelb
	Fernlicht Rechtslenker	normal	weiss
VIII	ABS Linkslenker	normal	grün
	Reduziertes Abblendlicht Rechtslenker	normal	blau
X	Tagesfahrlicht Seitenleuchten	normal	grün
IX	Heizbare Windschutzscheibe Linkslenker	gross	grau
	Nebelscheinwerfer	normal	grün
XII	ABS Rechtslenker	normal	grün
A	Leerlaufdrehzahl Automat	mini	blau
B	Heizbare Sitze	mini	braun
C	Nebelscheinwerfer XR2	mini	braun

D	Abblendlicht	mini	braun
E	Tagesfahrlicht Skandinavien	mini	blau
	reduziertes Abblendlicht	mini	blau
	(Seitenleuchten Rechtslenker)		

MASS- und EINSTELL- DATEN

MASS- und EINSTELLDATEN

16 Anzugsmomente in Nm

MOTOR 1100

Hauptlagerdeckel	88–102
Pleuellagerdeckel 1. Stufe	4
2. Stufe	+90° Drehwinkel
Dichtringträger hinten	16–20
Schwungrad	64–70
Kupplungskorb	24–35
Kettenspanner	6– 9
Halteplatte Nockenwelle	4– 5
Kettenrad Nockenwelle	16–20
Stirndeckel	7–10
Wasserpumpe	7–10
Riemenscheibe Kurbelwelle	110–120
Riemenscheibe Wasserpumpe	8,5–10,6
Anlasser	35–45
Kraftstoffpumpe	16–20
Ölpumpe	16–20
Deckel Ölpumpe	8–12
Ölwanne 1. Umgang	6– 8
2. Umgang	8–11
3. Umgang nach 15 Min Warmlauf	8–11
Ölablassschraube	21–28
Öldruckschalter	13–15
Geber Fernthermometer	4– 8
Kipphebelböcke	40–46
Zylinderkopf 1. Umgang	30
2. Umgang	90° Drehwinkel
3. Umgang	90° Drehwinkel
Ventildeckel	4– 5
Auspuffkrümmer	21–25
Ansaugkrümmer	16–20
Vergaser	17–21
Wasserstutzen, Thermostat	17–21
Thermoschalter, Lüfter	38–42
Zündkerzen	14–20
Getriebe an Motor	35–45
Motoraufhängung rechts	41–58
Motoraufhängung links	28–40
Mutter Gummipuffer	41–58
Getriebeträger vorn an Karosserie	41–58
Getriebeträger hinten an Karosserie	44–60

MOTOR 1400/1600

Hauptlagerdeckel	90–100

MASS- und EINSTELLDATEN

Pleuellagerdeckel	30– 36
Ölpumpe	8– 11
Deckel-Ölpumpe	8– 12
Gewindehülse-Ölkühler an Motorblock	55– 60
Ölpumpensaugglocke an Block	17– 23
Ölpumpensaugglocke an Ölpumpe	8– 12
Dichtringträger hinten	8– 11
Ölwanne mit einteiliger Dichtung 1. Umgang	5– 8
2. Umgang	5– 8
Schwungrad	82– 92
Kupplungsdruckplatte	25– 34
Riemenscheibe-Kurbelwelle	100–115
Zylinderkopf 1. Umgang	20– 40
2. Umgang	40– 60
3. Umgang	90° Drehwinkel
4. Umgang	90° Drehwinkel
Halteplatte Nockenwelle	9– 13
Zahnriemenrad-Nockenwelle	54– 59
Zahnriemenspanner	16– 20
Kühlmittelpumpe	7– 10
Stehbolzen-Kipphebel in Zylinderkopf	18– 23
Kipphebel	25– 29
Zylinderkopfhaube	6– 8
Zahnriemenabdeckung	9– 11
Kraftstoffpumpe	14– 18
Zündverteiler	5– 7
Zündkerzen	17– 33
Auspuffkrümmer	14– 17
Stehbolzen-Auspuffkrümmer in Zylinderkopf	0– 10
Mutter Auspuffkrümmer	14– 17
Ansaugkrümmer	16– 20
Stehbolzen-Ansaugkrümmer in Zylinderkopf	0– 10
Hülsenmutter Ansaugkrümmer	16– 20
Kraftstoffverteilrohr	20– 25
Anschlussstutzen Kühlmittelschlauch in unteren Ansaugkrümmer	13– 17
Vergaser	12– 21
Thermostatgehäuse	7– 10
Öldruckschalter	18– 22
Temperaturgeber-Ansaugluft	12– 18
Temperaturgeber-Kühlmittel	12– 18
Mutter –oberer Ansaugkrümmer an unteren	16– 20
Temperaturgeber-Fernthermometer	5– 7

MOTOR 1800 DIESEL

Hauptlagerdeckel 1. Stufe	27
2. Stufe	45° Drehwinkel
Pleuellagerdeckel 1. Stufe	20–30
2. Stufe	60° Drehwinkel
3. Stufe	20° Drehwinkel
Dichtringträger Kurbelwelle hinten	16–21
Stirnplatte an Block	20–28
Halter Drehstromgenerator	41–51
Ölpumpe an Zylinderblock	20–25
Halter-Saugrohr an Zylinderblock	18–25
Halteplatte Nebenwelle	8,5–10,5

MASS- und EINSTELL- DATEN

Dichtringträger Nebenwelle	20–25
Zahnriemenrad Nebenwelle	40–51
Ölwanne	6– 9
Schwungscheibe 1. Stufe	15–20
2. Stufe	45° Drehwinkel
3. Stufe	45° Drehwinkel
Kupplungsdruckplatte	16–20
Einspritzpumpe an Stirnplatte	18–28
Halter Einspritzpumpe an Block	18–27
Einspritzpumpe an Halter	18–22
Zahnriemenrad-Einspritzpumpe	20–25
Riemenspanner-Einspritzpumpe	40–57
Wasserpumpe an Block	20–25
Kurbelwelle-Schwingungsdämpfer	180
Zylinderkopf 1. Stufe	20–30
2. Stufe	76–92
2 Minuten warten	
3. Stufe	90°
Zahnriemenabdeckung	8–10
Zahnriemenabdeckblech	9–11
Zahnriemenrad Nockenwelle M6	9–11
M8	27–33
Riemenspanner Nockenwelle	45–55
Zahnriemenrad an Zylinderblock	41–51
Vakuumpumpe an Zylinderkopf	18–25
Ventildeckel	3– 4
Thermostatgehäuse an Zylinderkopf	21–26
Glühkerze	25–30
Kabel an Glühkerze	1,5–2,5
Einspritzdüse	60–80
Überwurfmutter-Einspritzleitung	15–25
Halter-Kraftstofffilter/Transportöse	40–50
Stehbolzen-Ansaug-/Auspuffkrümmer an Zylinderkopf	10–14
Ansaug-/Auspuffkrümmer an Zylinderkopf	18–25
Transportösen an Zylinderkopf	18–22
Lagerdeckel Nockenwelle	18–22
Verschlussschraube Ölkanal Zylinderkopf	16–20
Verschlussschraube Ölkanal Block	19–25
Verschlussschraube OT-Einstellstift	20–27
Wasserablassschraube	19–25
Ölablassschraube	21–28
Hohlschraube Kraftstoffleitungen	36–43

GETRIEBE

Kupplungshebel an Ausrückwelle	21– 28
Getriebe an Motor	35– 45
Abdeckblech Kupplungsgehäuse	34– 46
Abdeckung SCS	8– 12
SCS Modulator an Halter	21– 28
Trägerplatte, SCS Modulator rechts an Getriebe	21– 27
Verbindungsträger-Vorderachse (XR2)	95–111
Anlasserschraube	35– 45
Getriebeträger an Karosserie	52
Getriebeträger an Getriebe	80–100

Halter Motorlager hinten links, Muttern	41– 58
Gewindestift für Halter-Motorlager hinten links	21– 27
Schwenklager an Kugelgelenk	70– 90
Kugelgelenk an Spurstange (XR2)	25– 30
Schaltstabilisator an Getriebe	50– 60
Klemmschraube, Schaltstange an Schaltwelle	14– 17
Stirnrad an Differential	98–128
Kleines Gehäuse an grosses Gehäuse	21– 27
Deckel an Gehäuse	12– 14
Hutmutter-Schaltwellenarretierung	20– 35
Schaltgehäuse an Bodengruppe	6– 8
Öleinfüllschraube	23– 30
Schalter Rückfahrleuchte	16– 20
Schaltgehäuse-Stabilisator	5– 7
Schaltungsmanschette an Karosse	2
Kulisse an Gehäuse	18– 23
Wählblock an Schaltwelle	12– 15

GETRIEBE-AUTOMAT

Getriebe an Motor	37–50
Drehschwingungsdämpfer an Schwungrad	24–33
Abdeckblech an Getriebegehäuse	7,5–10
Getriebeaufhängung an Karosserie	52–64
Querlenker an Schwenklager	48–60
Querlenker an Halter	50–64
Zugstrebe an Querlenker	48–60
Wählhebelgehäuse an Bodengruppe	9–12
Schaltkulisse an Wählhebelgehäuse	3– 4
Halter Schaltseilzug an Getriebe	34–46
Wählhebelstange an Führung	20–26

VORDERACHSE

Mutter Radnabe	205–235
Klemmschraube-Querlenker Kugelgelenk	48– 60
Klemmschraube Federbein und Schwenklager	80– 90
Zugstange Stabilisator an Federbein	41– 58
Klemmschraube Stabilisator an Querlenker	20– 28
Schrauben Halter Querlenker	80– 90
Obere Befestigungsmutter Federbein	40– 52
Mutter-oberer Federteller an Federbein	52– 65
Schrauben Bremssattel-Halter	51– 61
Radmutter	70–100

HINTERACHSE

Radlager, Flanschmutter	250–290
Achsstummel an Achskörper	56– 76
Vordere Support an Karosserie	41– 58

MASS- und EINSTELL-DATEN

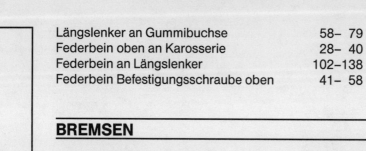

Längslenker an Gummibuchse	58– 79
Federbein oben an Karosserie	28– 40
Federbein an Längslenker	102–138
Federbein Befestigungsschraube oben	41– 58

BREMSEN

Hauptbremszylinder an Servo	20– 25
Servo an Halter	35– 45
Hinterradnabe an Achse	56– 76
Bremsklotzträger	50– 66
Kolbengehäuse an Bremsklotzträger	20– 25
Radmuttern	70–100

ABS-SYSTEM

Hauptbremszylinder	20–25
Bremsdruckregler an Halter	20–25
Halter an Karosserie	21–28
Einstellschraube Bremsdruckregler	12–16
Mutter Zugstange Regler an Achskörper	21–28
Drehbolzen Regeleinheit	22–28
Klemmschraube Verstellasche	22–28

LENKUNG

Lenkung an Spritzwand	70–97
Spurstangenendstück an Spurstangenhebel	25–30
Universalgelenk an Ritzel	45–56
Lenkrad an Lenkspindel	45–55
Lenksäule Befestigungsmutter	10–14
Kontermutter Spurstangenendstück	57–68
Spurstange an Zahnstange	68–90